Herbert Feldkamp/Annegret Weilandt

Pasteten und Terrinen hausgemacht

LUDWIG

Inhalt

Weltweit bekannt sind die hübsch anzusehenden Königin-pastetchen.

Auch das Auge erfreut sich an schön dekorierten Pasteten.

Einheimische und auch exotische Gewürze geben Pasteten und Terrinen die richtige Würze.

Auch aus den verschiedensten Gemüsen lassen sich köstliche Pasteten und Terrinen zaubern.

Vorwort

Pasteten und Terrinen herzustellen ist nicht ganz einfach. Wenn Sie jedoch dieses Kochbuch sorgfältig lesen und danach arbeiten, dann wird Ihnen die Zubereitung dieser besonderen Gerichte gut gelingen.

Pasteten und Terrinen zuzubereiten ist bei uns, im Gegensatz zu unseren Nachbarn in Frankreich und Belgien, fast völlig in Vergessenheit geraten. Selbst an den Fleischtheken der Supermärkte ist das Angebot sehr dürftig. Dabei sind Pasteten und Terrinen für jedes Partybuffet eine köstliche Bereicherung. Nur wenige Lebensmittel lassen sich in so vielen geschmacklichen Variationen und Formen herstellen wie Pasteten und Terrinen. Unabhängig, ob Sie Fleisch, Fisch oder nur Gemüse als Grundstoff bevorzugen, jeder einzelne eignet sich für die Verarbeitung. Pasteten und Terrinen können warm oder kalt, als Horsd'œuvre, pikante Zwischengerichte oder als selbstständige, handfeste Speisen und Brotaufstriche gereicht werden. Heute, da wieder verstärkt Wert auf eine feine und pikante, aber auch herzhafte Küche gelegt wird, dürfen Pasteten und Terrinen nicht fehlen.

Warum versuchen Sie es nicht selbst einmal?

Um sich die ganze Palette an Herstellungsmöglichkeiten zu erschließen, ist es jedoch wichtig, Pasteten und Terrinen selbst zuzubereiten. Die Industrie, ja selbst der örtliche Schlachter kann diese Aufgabe nicht leisten. Beide sind darauf angewiesen, mehr oder weniger Massenware herzustellen und den Durchschnittsgeschmack zu befriedigen. Das Besondere, das Individuelle muss dabei zwangsläufig vernachlässigt werden, das können nur Sie kreieren. Es gibt noch einen anderen wichtigen Grund, warum Sie Pasteten und Terrinen selbst zubereiten sollten: die Qualität.

Sie entscheiden, welche Zutaten verarbeitet werden

Leider ist der Verzehr von Fleisch durch BSE-Skandale, Massentierhaltungen, nicht artgerechte Fütterungsmethoden, Schweinepest oder kriminelle, unwürdige Tiertransporte in Misskredit geraten. Die

Angst, man könnte seine Familie oder sich selbst gesundheitlich schädigen, lässt manchen auf den Verzehr von Fleisch verzichten. Das gilt insbesondere für Waren, bei denen nur schwer oder gar nicht festgestellt werden kann, woher die Zutaten stammen. Wenn Sie die Pasteten und Terrinen jedoch selbst zubereiten, dann bestimmen Sie, welches Fleisch Sie verarbeiten. Sie können den Schlachter oder die Bezugsquelle frei wählen. Sie können sich garantieren lassen, dass das Fleisch von gesunden, artgerecht gehaltenen und gefütterten und, was ebenfalls sehr wichtig ist, von stressfrei geschlachteten Tieren stammt. Sie können, um ganz sicherzugehen, dass die Ware Ihren Anforderungen entspricht, das Fleisch von einem Bioschlachter kaufen. Am Ende dieses Buchs ist eine Liste mit den Anschriften der Bioland-Verbände aufgeführt. Über diese Verbände können Sie erfahren, wo in Ihrer Nähe Biofleisch verkauft wird.

Dieser Ratgeber will Ihnen nichts vorschreiben, lediglich als Anleitung dienen. Er soll Sie dazu anregen, mit Formen, Zutaten und Gewürzen zu experimentieren.

Fleisch ist gesund

Trotz aller Unkenrufe, Fleisch, der Hauptgrundstoff für Pasteten und Terrinen, ist nicht nur schmackhaft, sondern auch gesund. Fleisch liefert lebenswichtige Nährstoffe für unseren Organismus, Nährstoffe, die unserem Körper nicht oder nur schwer durch andere Lebensmittel zugeführt werden können. Vieles, was heute gegen den Verzehr von Fleisch vorgebracht wird, beruht eher auf Vorurteilen als auf wissenschaftlichen Nachweisen. So haben z. B. Studien in Frankreich ergeben, dass die Rate an Herzerkrankungen in Frankreich niedriger liegt als in Deutschland, obwohl dort der durchschnittliche Verbrauch an fetthaltigem Fleisch größer als bei uns ist. Und auch das von unseren Großmüttern so geliebte und heute völlig aus der Mode gekommene Gänseschmalz ist nach kalt gepresstem Olivenöl das bekömmlichste Speisefett. Es sind aber nicht nur die Nährstoffe, die das Fleisch so wertvoll machen. Es ist auch der Lebensgenuss, den wir durch den Verzehr von Fleisch gewinnen. Nach einem anstrengenden Arbeitstag führt ein saftiges Steak, eine Schinkenplatte oder ein herzhaftes Pasteten- oder Terrinengericht zu einer wohltuenden Entspannung von Nerven, Geist und Körper.

Wichtige Zutaten

Kalbfleisch schmeckt von zarten, jungen Kälbern am besten.

Das Grundmaterial für Pasteten und Terrinen ist meist Fleisch. Doch auch Fisch und Gemüse eignen sich bestens dazu. Früher neigte man in der häuslichen Zubereitung zuweilen dazu, minderwertiges Fleisch, d. h. Fleisch, das sich nicht zum Braten oder Kochen eignete, dafür zu verarbeiten. Von solcher Sparsamkeit ist abzuraten. Wer sich schon die Mühe der Zubereitung macht – es ist eine Mühe, denn man benötigt viel Zeit und Muße dazu –, der sollte nur beste Ausgangsware verwenden. Das Endprodukt kann nie besser sein als seine Zutaten. Die folgenden Ausführungen sollen helfen, Qualität zu erkennen.

Fleisch

Pasteten und Terrinen verlangen nach Fleisch, welches beim Garen nicht austrocknet. Eine Kombination verschiedener Fleischarten in einem Rezept ist deshalb nicht ungewöhnlich.

Die Hauptfleischteile vom Schwein

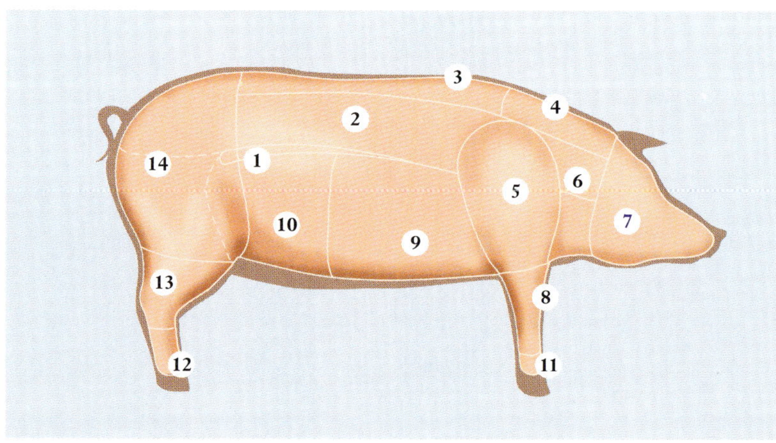

1 Filet
2 Kotelettstrang
3 Rückenspeck
4 Kammspeck
5 Bug (Schulter)
6 Kamm (Nacken)
7 Kopf
8 Eisbein
9 Bauch
10 Wamme
11 Spitzbein vorn
12 Spitzbein hinten
13 Eisbein
14 Schinken

Schweinefleisch

Schweinefleisch ist das wichtigste Fleisch für die Zubereitung von Pasteten und Terrinen. Es enthält genügend schmackhaftes Fett, um den Gerichten Saftigkeit und angenehmen Geschmack zu verleihen. Gutes Fleisch ist zart und hat feine Fasern. Es besitzt eine helle, leicht rosa Farbe und ist nicht zu fett. Die Schwarte oder Haut ist ebenfalls hell. Je älter die Tiere, desto dunkler und grobfaseriger ist das Fleisch. Von Schweinen stammt auch der Speck, der in vielen Rezepten zur Umhüllung der Farce dient. Er verleiht den Speisen einen fein würzigen Geschmack und schützt zudem vor Austrocknung. Es gibt geräucherten und ungeräucherten, »grünen« Speck.

Schweinefleisch ist heute im Vergleich zu früheren Zeiten wesentlich fettärmer. Die Züchter haben sich damit auf das veränderte Ernährungsbewusstsein der Bevölkerung eingestellt.

Rindfleisch

Gute Rindfleischqualität zeichnet sich durch eine kräftige rote Farbe und weißes Fett aus. Junge Tiere haben hellrotes, alte dunkles, braunrotes Fleisch und gelbes Fett. Bei Mastochsen ist es dunkelrot, mit Fettstreifen durchzogen (marmoriert). Je weniger der Muskel belastet wurde, desto zarter das Fleisch.

Die Hauptfleischteile vom Rind

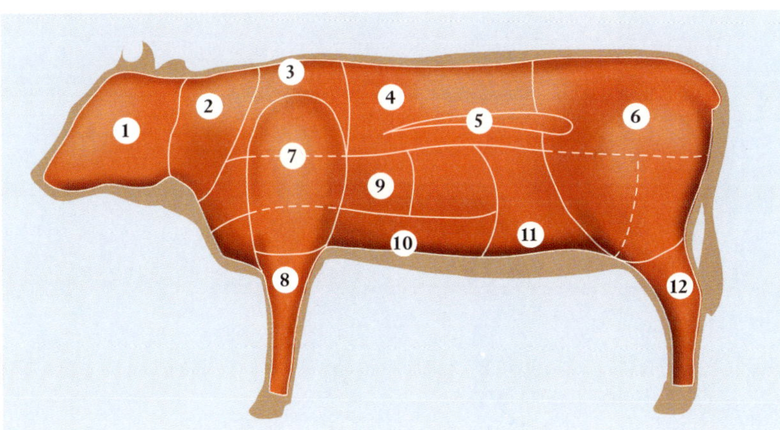

1 Kopf
2 Kamm (Nacken)
3 Fehlrippe
4 Rücken
5 Filet
6 Keule
7 Bug (Schulter)
8 Vorderhesse
9 Spannrippe
10 Brust
11 Fleischdünnung
12 Hinterhesse

Kalbfleisch

Leber ist bei vielen Pasteten eine Zutat, die ähnlich wie bei einer Leberwurst den Geschmack der Pastete bestimmt. Verarbeitet werden können Schweine- und Kalbsleber, wobei die Kalbsleber den feineren Geschmack entwickelt.

Kalbfleisch stammt von Tieren, die maximal vier Monate alt werden. Bedingt durch dieses junge Alter, in dem die Muskeln der Tiere noch nicht vollständig entwickelt sind, ist Kalbfleisch meist sehr zart. Das Bindegewebe ist sehr weich und weist nur eine geringe Marmorierung auf, da es noch wenig Fett enthält. Beim Einkauf sollte man darauf achten, dass die Ware in ihrer Struktur feinfaserig und im Farbton hell bis zartrosa ist. Ein intensiverer Farbton deutet auf eine Mästung der Kälber hin, zudem ist das Fleisch fester. Werden Kälber nicht nur mit Milch ernährt, sondern auch mit Grünfutter, nimmt das Fleisch einen Farbton an, der ins Altrosa geht; dies ist jedoch kein Qualitätsverlust. Graugrünlich schimmerndes Fleisch sollten Sie allerdings nicht verwenden.

Für die Zubereitung von Pasteten und Terrinen ist nicht nur das Fleisch, sondern auch die Leber beliebt. Eine gute Qualität von Leber erkennt man an derer dunklen Farbe. Für die küchenpraktische Verwendung sollte Leber kurz unter fließendem, kaltem Wasser gewaschen werden und sorgfältig von eventuell noch vorhandenen Gallengängen befreit werden.

Die Hauptfleischteile vom Kalb

1 Filet
2 Sattelstück
2 Kotelett
3 Kopf
4 Hals
5 Schulter (Bug)
6 Vorderhaxe
7 Brust
8 Bauch
9 Hinterhaxe
10 Keule

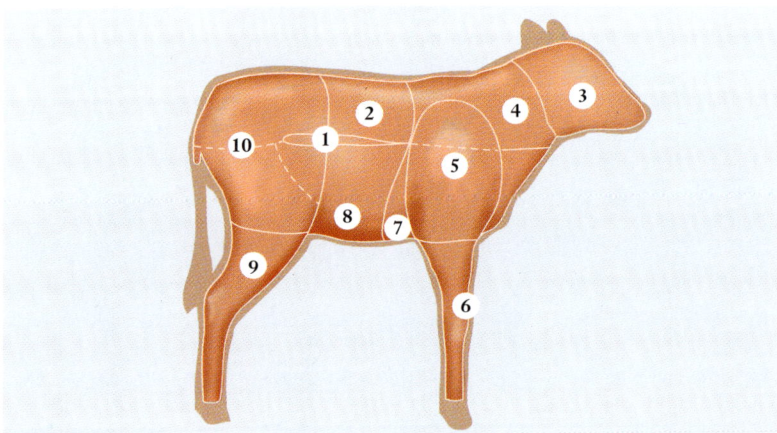

Lammfleisch

Die »Lieferanten« für Lamm- und Hammelfleisch sind Schafe. Weltweit gibt es viele Rassen, die je nach Art der aufgenommenen Nahrung Fleisch mit unterschiedlichen Geschmacksnuancen hervorbringen. Während Lammfleisch in Ländern rund ums Mittelmeer fast zur täglichen Kost zählt, steigt bei uns die Nachfrage nur langsam an. Das liegt vielleicht daran, dass das früher öfter verwendete Hammelfleisch einen strengen Geschmack aufwies. Es stammte von weiblichen Tieren ohne Nachwuchs oder von kastrierten männlichen Tieren, die älter als zwei Jahre waren. Fleisch von jungen Tieren, von Lämmern, die nicht älter als zwölf Monate sind, ist dagegen ein Genuss. Es ist besonders zart, angenehm würzig und hat feine Fasern. Gute Qualität erkennt man an der rosa bis hellroten Farbe. Die Fettschicht ist weiß und sollte sich nicht trocken anfühlen. Fleischstücke, an denen eine gelbe Fettschicht hängt, sollten Sie nicht kaufen. Da sich Lammfleisch gut einfrieren lässt, kann man getrost auf tiefgefrorene Ware zurückgreifen, wenn es keine frische zu kaufen gibt. Wer Wert auf frische Ware legt, dem sei empfohlen, sich das Fleisch vorzubestellen. Viele Metzger bieten diesen Service an.

Bei Schafsfleisch sollten Sie darauf achten, dass Sie nur das Fleisch von jungen Tieren kaufen. Ältere Tiere haben nicht nur zähes, sondern auch zuweilen sehr intensiv riechendes Fleisch.

Die Hauptfleischteile vom Lamm/Hammel

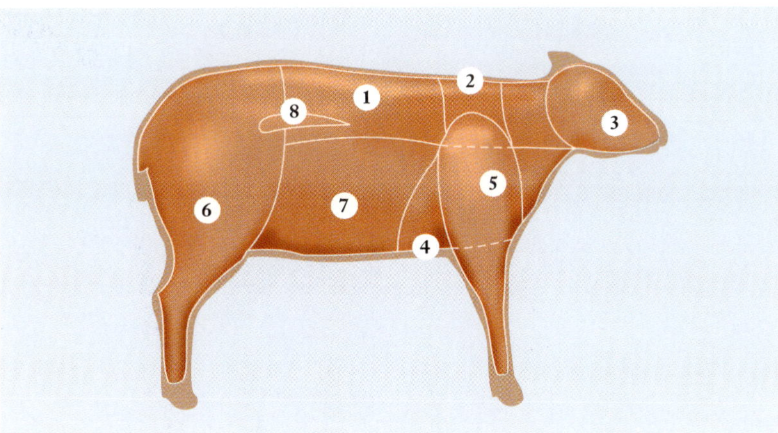

1 Rücken
2 Kamm
3 Kopf
4 Bug
5 Schulter mit Vorderhaxe
6 Keule mit Hinterhaxe
7 Dünnung
8 Filet

Wildfleisch

Tiefgefrorenes Fleisch taut schonend auf, wenn Sie es über Nacht in den Kühlschrank legen. Anschließend sollte es schnell verarbeitet werden.

Zu Wild zählen unter anderem die Haarwildarten Reh, Rotwild, Damwild, Wildschwein, Hase und Wildkaninchen sowie die Federwildarten Fasan, Rebhuhn, Wachtel, Wildtaube, -ente und -gans.
Frisches Wildfleisch aus heimischen Wäldern und Gehegen wird meist nur zu bestimmten Jagdzeiten angeboten. Außerhalb der hiesigen Jagdsaison kann man in gut sortierten Lebensmittelmärkten Teilstücke von Wild tiefgefroren kaufen. Die Ware stammt oft aus Osteuropa, Argentinien, Neuseeland und Australien.
Wildfleisch ist je nach Tierart zartrosa bei Kaninchen bis dunkelrot bei Rot-, Reh- und Damwild. Das Fleisch ist sehr mager und bei jungen Tieren auch sehr zart. Der Wildgeschmack ist unterschiedlich stark ausgeprägt, wobei er bei Rehwild am mildesten ist. Je älter das Tier, desto durchschlagender ist der Wildgeschmack und desto zäher ist auch das Fleisch. Kaufen Sie kein frisches Fleisch, das leicht schwarz schimmert und einen unangenehmen Geruch aufweist. Im Gegensatz dazu spricht ein leicht säuerlicher, aromatischer Geruch bei frischem Fleisch für eine gute Fleischreifung.

Die Hauptfleischteile von Wild

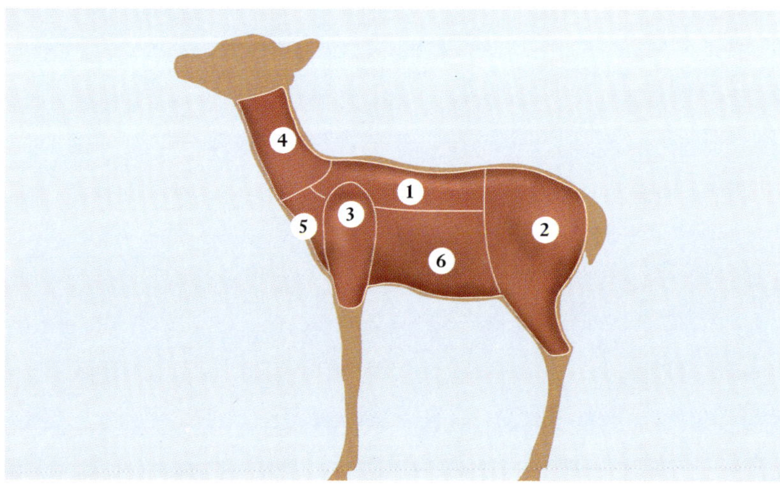

Rot-, Reh- und Damwild wird gewöhnlich in folgende Teile zerlegt:
1 Rücken
2 Keule
3 Schulter
4 Hals
5 Brust
6 Bauch

Geflügel

Das reine Muskelfleisch von Geflügel ist in der Regel extrem fettarm, selbst bei den »fetten« Arten wie Gänsen und Enten. Das Fett sitzt in der Bauchhöhle (Flomen) und unter der Haut. Das Fleisch ist bei Hühnern und Puten hell bis hellgelb, bei Enten und Gänsen dagegen rötlich braun. Die Leber eignet sich gut für Pasteten und Terrinen.
Geflügel und seine Teile werden tiefgefroren, gefroren und frisch angeboten. Vor allem bei frischer Ware muss man wegen der Gefahr von Salmonellen besonders aufpassen. Verdorbenes Fleisch ist am Geruch zu erkennen. Zu Hause muss Geflügel fachgerecht gelagert und verarbeitet werden. Das fängt beim Auftauen an. Dafür die gefrorene Ware in einer entsprechend großen Form auf ein Gitter legen und am besten separat im Kühlschrank auftauen lassen. Dabei das Auftauwasser nicht mit anderen Lebensmitteln und Küchengeräten in Verbindung bringen. Frische Ware separat lagern und sorgfältig waschen. Wundern Sie sich nicht, dass bei den Rezepten mit Geflügelfleisch auch Schweinefleisch mit angegeben ist. Geflügelfleisch alleine ist zu fettarm, als dass Terrinen oder Pasteten schön saftig werden.

Gänseleber ist eine beliebte Zutat für Pasteten und Terrinen. Sie verleiht ihnen einen zarten Schmelz.

Die Hauptfleischteile von Geflügel

1 Brust
2 Flügel
3 Hals
4 Kopf
5 Schenkel
6 Fettdrüse

Fisch

Fisch ist ein sehr gesundes Nahrungsmittel. Er liefert wertvolles Eiweiß, das viele lebensnotwendigen Aminosäuren enthält, vom menschlichen Organismus gut aufgenommen und fast vollständig verwertet werden kann. Im Gegensatz zu Fleisch weisen Fische nur wenig Bindegewebe und eine lockere Zellstruktur auf. Fischfleisch ist leicht verdaulich, verursacht aber kein so anhaltendes Sättigungsgefühl wie Fleisch. Das Fett der Fische ist reich an lebenswichtigen (essenziellen) Fettsäuren. Sie eignen sich besonders für die menschliche Ernährung, da sie hohen Cholesteringehalten entgegenwirken. Das Fischfleisch ist bis auf wenige artentypische Ausnahmen hell, nahezu weiß.

Mineralstoffe sind für den Aufbau von Blut, Knochen und Bindegewebe unentbehrlich. Sie wirken darüber hinaus auch als Regelsubstanzen für die Funktion der Zellen. Fische sind gute Jodlieferanten.

Kulinarische Vielfalt

Je nachdem, in welchen Gewässern die Fische leben, werden sie in See- und Süßwasserfische unterteilt, wobei die Wanderfische wie Lachs und Aal, die sowohl im Süß- als auch im Salzwasser leben, im Handel zu den Süßwasserfischen zählen. Die für unsere Ernährung wichtigsten Salzwasserfische sind: Dorsch, Hering, Makrele, Sardine, Schellfisch, Seelachs, Rotbarsch sowie die Plattfische Flunder, Heilbutt, Rotzunge, Scholle und Steinbutt. Beliebte Süßwasserfische sind Aal, Forelle, Hecht, Karpfen, Lachs und Zander.

Qualitätsmerkmale

Da Fische recht schnell verderben, muss beim Einkauf besonderer Wert auf Frische gelegt werden. Sofern Sie nicht tiefgekühlte Ware einkaufen, achten Sie beim Händler auf folgende Merkmale: Einen frischen Fisch erkennt man daran, dass die Augen prall, klar und glänzend sind, die Kiemen hellrot aussehen und fest anliegen und die Schleimhaut nicht schmierig ist. Zudem muss das Fleisch noch elastisch sein, d. h., es muss, wenn Sie leicht auf den Fischkörper drücken, wieder zurückgehen. Auch soll der Fisch frisch, nach Wasser, riechen.

Gemüse

Gemüse liefert wichtige Vitamine und Mineralstoffe, sein Energiewert dagegen ist gering, da es meist nur wenig Kohlenhydrate, Fette und Eiweiß enthält. Der hohe Gehalt an Rohfasern verursacht trotzdem ein Sättigungsgefühl und fördert die Verdauung. Um die Nährstoffe gut ausnutzen zu können, sollte man reifes Gemüse verarbeiten. Nach dem Kauf sollte es kühl und dunkel lagern und zügig verarbeitet werden.

Vitamine sind für unseren Organismus unentbehrliche Schutz- und Regelstoffe. Sie fördern die gesamten Stoffwechselprozesse im Körper. Ihr Fehlen kann zu schwerwiegenden gesundheitlichen Schäden führen.

Erfordert sorgfältigen Umgang

Bei der Zubereitung ist darauf zu achten, dass

- das Gemüse nur kurz gewaschen wird,
- es erst unmittelbar vor der Verwendung zerkleinert wird,
- das vorbereitete Gemüse abgedeckt und kühl gestellt wird,
- das zubereitete Gemüse möglichst sofort serviert wird.

Gemüse wird in den Handelsklassen Extra, I, II, III angeboten. Diese sagen jedoch nichts über die innere Qualität vom Gemüse aus, sondern bewerten nur die äußeren Kriterien wie Größe, Gewicht und Aussehen.

Frisches Gemüse schmeckt besser und ist gesünder. Informieren Sie sich deshalb mit Hilfe eines Gemüsekalenders nach der Saisonalität, und bevorzugen Sie regional angebautes Gemüse.

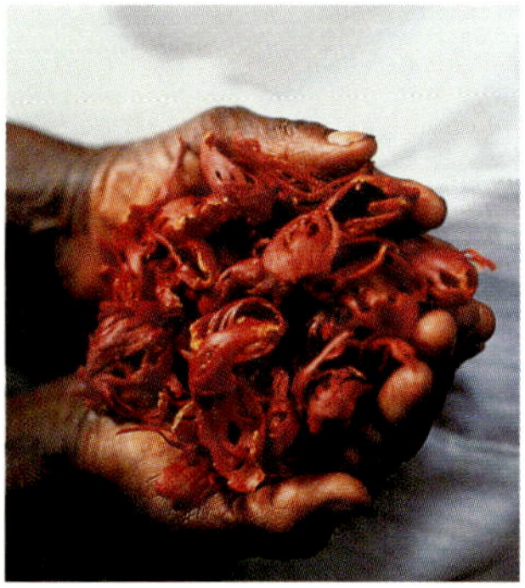

Die Muskatblüte gibt Wildpasteten eines dezenten, an Zimt und Pfeffer erinnernden Geschmack.

Richtig würzen

Viele der in diesem Buch angegebenen Gewürze wachsen im Mittelmeerraum und in den Tropen. Ihre Würzkraft wird im Wesentlichen durch ätherische Öle und Harze geprägt. Gewürze dienen nicht nur zur Verbesserung des Geschmacks, sie haben auch eine gesundheitliche Wirkung. Ihre antioxydativen Eigenschaften verhindern z. B. das schnelle Ranzigwerden von Fett. Mit antibakteriellen Substanzen wirken sie auf viele Bakterien wachstumshemmend oder abtötend. Gewürze regen darüber hinaus die Sekretbildung im Magen-Darm-Trakt an und fördern so die Verdauung von Speisen.

Auf die richtige Lagerung kommt es an

Gewürze reagieren empfindlich auf Feuchtigkeit, Hitze, Licht, Luft, Kälte und unsachgemäße Lagerung. Um die Würzkraft möglichst lange zu erhalten, sollten sie in luftdicht verschließbaren, dunklen Glas- oder Kunststoffbehältern aufbewahrt werden. Die Temperatur sollte bei längeren Lagerzeiten bei ca. 5 °C liegen. Bei kurzen Lagerzeiten kann sie bis 20 °C betragen. Behälter trocken aufbewahren.

Die Bezeichnung Gewürze steht in diesem Ratgeber als Oberbegriff sowohl für die klassischen Gewürze, die aus getrockneten Teilen zumeist tropischer Pflanzen gewonnen werden, als auch für Küchenkräuter, die in der Regel frisch verarbeitet werden.

Gewürze aus ökologischem Anbau

Da Gewürze vielfach aus Gebieten außerhalb der Europäischen Union kommen und diese Länder nicht die in der EU weitgehend vereinheitlichten Produktionsmerkmale zu berücksichtigen haben, kann nicht ausgeschlossen werden, dass die Gewürzpflanzen mit Pestiziden behandelt wurden. Inwieweit diese Pestizide auf das fertige Gewürz übertragen wurden, hängt mit von der Art des Gewürzes und von der jeweiligen Verarbeitung ab. Wer garantiert schadstofffreie Gewürze verwenden will, sollte Gewürze aus ökologischem Anbau verarbeiten. Diese Gewürze sind zwar teurer und können auch in ihrer Würzkraft variieren, sie sind jedoch frei von Schadstoffen.

Gewürze – Herkunft und Verwendung

Basilikum stammt aus den Tropen. Die Blätter schmecken leicht pfefferig-süßlich und werden getrocknet als Ganzes, gerebelt oder gemahlen, oder auch frisch als ganze Pflänzchen angeboten. Basilikum dient zum Würzen von Salaten, Fisch- und Fleischgerichten.

Estragon stammt aus Sibirien, wächst jetzt aber überall in Europa. Verwendet werden die Blätter in frischer oder getrockneter Form. Sie haben einen feinen, würzigen, bittersüßen Geschmack und werden zum Würzen von Salaten, Saucen, Fisch und Geflügel verwendet.

Ingwer wächst in subtropischen oder tropischen Ländern. Verarbeitet werden die fingerartigen Wurzelstöcke. Sie schmecken aromatisch, brennend scharf und etwas bitter und eignen sich hervorragend für exotische Nachspeisen.

Kapern sind die noch unreifen Blütenknospen des Kapernstrauches. Sie werden in Salzlake und Essig eingelegt und finden in der Küche zum Würzen von Fleischgerichten und Saucen Verwendung.

Kardamom kommt aus Europa, Indien, Marokko und Amerika. Es wird aus zwei bis drei Zentimeter langen, kernreichen Kapseln gewonnen. Kardamom schmeckt würzig, mild, leicht süßlich und hinterlässt ein leichtes Brennen. Zum Würzen von Backwaren und Fleischgerichten.

Knoblauch ist eine Zwiebelknolle, die vorwiegend in wärmeren Ländern weit verbreitet ist. Der stechende, ausgeprägte Geschmack wird von schwefelhaltigen Aromastoffen entwickelt. Knoblauch kann frisch oder getrocknet verarbeitet werden. Für Knoblauchliebhaber gibt es hinsichtlich seiner Verwendung kaum Grenzen.

Kümmel ist in Europa, Marokko, Asien und Amerika weit verbreitet. Seine sichelförmigen, etwa vier Millimeter langen Früchte sind kräftig herbwürzig und haben einen unverwechselbaren sortentypischen, wohlmundenden Geschmack. Kümmel würzt Backwaren, Käse, kräftige Gemüse- und Fleischgerichte.

Liebstöckel ist in Mittel- und Südeuropa, Nordamerika und Asien zu Hause. Verarbeitet werden die Blätter und die Wurzeln. Es hat einen leicht scharfen, bittersüßen Geschmack und dient hauptsächlich zum Würzen von Fleisch, Suppen, Saucen und Gemüse.

Fines herbes ist eine Kräutermischung aus Schnittlauch, Kerbel, Petersilie und Estragon. Als geschmackliche Ergänzung können auch andere Kräuter hinzugefügt werden.

Kräuter der Provence ist eine Kräutermischung, die hauptsächlich aus Majoran, Thymian, Basilikum und Rosmarin besteht.

Muskatblüte hat eine ausgeprägte antioxydative Wirkung und hält Schädlinge fern. Bei der Muskatnuss ist diese Wirkung hingegen nur gering ausgeprägt.

Lorbeer kommt im Mittelmeerraum und in Mittel- und Südamerika vor. Verwendet werden die getrockneten fünf bis zehn Zentimeter langen, breiten Blätter. Sie schmecken aromatisch, herb und leicht bitter und säuerlich. Für Suppen, Saucen und Fleisch.

Majoran ist eine einjährige Pflanze, die in Europa, Nordafrika und Amerika vorkommt. Verwendet werden die filzartigen Blätter. Sie werden vor der Blüte geerntet, getrocknet und anschließend gerebelt oder gemahlen. Majoran hat ein kräftiges Aroma und schmeckt zartbitter und leicht brennend. In der Küche findet Majoran vorwiegend bei Fleischgerichten aller Art Verwendung.

Meerrettich wächst im gemäßigten und wärmeren Klima. Verwendet wird meist die lange Pfahlwurzel, die dazu geschält und gerieben wird. Mit Ihrem beißend scharfen Geschmack dient sie zum Würzen von Saucen, Fleisch- und Fischgerichten.

Muskatblüte ist ein Spitzengewürz, das vom tropischen Muskatbaum stammt. Verarbeitet wird der Samenmantel, der die Muskatnuss von dem Fruchtfleisch trennt. Muskatblüte hat ein zartes, unverwechselbares nach Muskatnuss schmeckendes Aroma. Sie wird da verwendet, wo es auf ein feines Abrunden von Speisen ankommt, von Fleisch- und Fischgerichten über Salate, Suppen bis hin zu Süßspeisen.

Die Farbe und das Aroma von Gewürzen bleibt in Metallbehältern am besten erhalten, wo sie weder Luft noch Licht ausgesetzt sind.

Muskatnuss ist die nussgroße Frucht des Muskatbaumes. Sie wird geschält, getrocknet und als ganze Nuss oder gemahlen verkauft. Muskatnuss ist ein stark würziges, bittersüß schmeckendes Gewürz. Die Würzkraft ist intensiver als die der Muskatblüte. Breite Verwendung.
Paprika wird aus etwa zehn Zentimeter langen, kegelförmigen Gewürzschoten gewonnen, die ausgereift eine kräftige rote Farbe besitzen. Sie kommen überwiegend in Südost- und Südeuropa, in der Türkei, in Ostafrika, Indien und Mittel- und Südamerika vor. Die Schoten werden getrocknet und getrennt nach Schale und Samen verarbeitet (granuliert, gemahlen oder flüssig). Paprikapulver gibt es in fünf verschiedenen Schärfegraden und dient nahezu als Universalgewürz.

Zitronenpfeffer ist eine milde Gewürzmischung, die sich im Wesentlichen aus Pfeffer, Salz, Zitronenschalen, Zucker, Zitronensäure, Blaumohn und Knoblauch zusammensetzt.

Blätter, Früchte, Samen

Petersilie liebt das gemäßigte Klima. Verarbeitet werden vor allem die Blätter, aber auch die Wurzel. Die glattblättrige Petersilie hat ein ausgeprägteres Aroma als die krausblättrige. Zum Verfeinern von Gemüse-, Fleisch- und Fischspeisen sowie Salaten und Saucen.
Pfeffer wird aus den Früchten des Pfefferstrauches gewonnen. Er kommt vor allem in Indien, Sumatra, Borneo, Java, Madagaskar, Brasilien und Westindien vor. Unter grünem Pfeffer versteht man die grünen, noch nicht ausgereiften Körner. Sie werden nach einem speziellen Verfahren getrocknet und kommen ganz, getrocknet oder gemahlen in den Handel. Sie besitzen ein zartes Aroma und eine milde Schärfe und werden für alle Speisen verwendet, die ausgewogen, harmonisch und nicht zu scharf gewürzt werden sollen. Zu schwarzem Pfeffer werden die Samenkörner verarbeitet, wenn sie sich zu röten beginnen, also noch nicht voll ausgereift sind. Die Körner werden mit der Schale vermahlen. Sie besitzen eine intensive Würzkraft, sind gröber im Geschmack als weißer Pfeffer und erheblich schärfer. Er wird vor allem bei deftigen, herzhaften Fleischspeisen verarbeitet. Weißer Pfeffer wird aus voll ausgereiften Pfefferkörnern gewonnen, die zuvor geschält werden. Weißer Pfeffer ist intensiv im Geschmack, jedoch feiner, ausgewogener und edler als schwarzer Pfeffer. Er findet breite Verwendung in der Küche.

Piment stammt ursprünglich aus Amerika und gelangte erst mit den Spaniern nach Europa. Die etwa fünf Millimeter großen süßlich-scharf schmeckenden Beeren werden getrocknet und eignen sich zum Würzen von Beizen, Fleischgerichten und Weihnachtsbackwaren.
Schnittlauch ist ein Zwiebelgewächs, das die gemäßigten Breiten bevorzugt. Da es weniger Schwefel als Zwiebeln enthält, ist sein Geschmack milder. Verarbeitet werden die grünen Stängel. Zu Röllchen geschnitten eignen sie sich zum Verfeinern von Quark-, Fleisch- und Fischspeisen sowie Salaten und Gemüse.
Senf ist fast überall auf der Welt verbreitet. Die Samenkörner sind gelb oder dunkel bis schwarz, wobei die schwarzen Körner am schärfsten sind. Das typische Senfaroma und die volle Schärfe entwickeln die Körner erst, wenn sie gemahlen und mit Essig versetzt verarbeitet werden. Senfkörner würzen Fischgerichte, Fleischwaren, Laken für Essiggemüse, Sauerbraten und süßsaures Gemüse.

Wildgewürz besteht aus Pfeffer, Wacholderbeeren, Thymian, Piment, Salbei, Basilikum, Muskat, Lorbeerblättern, Petersilie und Rosmarin.

Vielseitig verwendbar

Thymian ist ein etwa 40 Zentimeter hohes Kraut, das in Europa, Marokko und Nordamerika verbreitet ist. Verwendet werden die Blätter und Blüten. Sie schmecken leicht bitter und sind von einer ausgeprägten Würzkraft. Thymian wird frisch oder getrocknet verwendet. Beliebt für Fleisch- und Fischspeisen, Salate, Saucen und Gemüse.
Wacholderbeeren sind die Früchte des in Europa, Asien und Nordamerika wachsenden Wacholderstrauchs. Die Früchte brauchen etwa drei Jahre zum Ausreifen. Die reifen Beeren kommen getrocknet, ganz oder gebrochen in den Handel. Sie schmecken intensiv würzig, mit einem harzigen Nachgeschmack. Sie eignen sich bestens für herzhafte Fleischspeisen, für Marinaden, Sauerkraut, Suppen und Saucen.
Zwiebeln sind Gewächse, die über die ganze Erde verbreitet sind. Es gibt etwa 300 verschiedene Arten, die sich in Farbe, Größe und Geschmack voneinander unterscheiden. Die kleinste aller Arten, die Perlzwiebel, ist besonders zum Einlegen als süßsaures Gemüse beliebt. Zwiebeln sollten immer ganz frisch verarbeitet werden, da sie dann ihr intensives Aroma am besten entfalten.

Der richtige Umgang mit Gewürzen

▶ In der Küche sollte man nur mit frischen Gewürzen arbeiten. Gewürze, die mehrere Jahre lagern, verlieren einen großen Teil ihrer Würzkraft. Deshalb lieber öfter kleine Mengen als einmal ein großes Gebinde kaufen.

▶ Damit sie möglichst lange ihre Würzkraft behalten, Gewürze in verschlossenen Gefäßen dunkel, trocken und kühl aufbewahren.

▶ Gewürze so sparsam verwenden, das sie das natürliche Aroma der Zutaten hervorheben und nicht überdecken.

▶ Für die tägliche Arbeit in der Küche gilt allgemein: Milde und zarte Speisen nur mit milden Gewürzen würzen.

▶ Als Faustregel kann man sich merken: Helles Fleisch mit hellen, dunkles Fleisch mit dunklen Gewürzen würzen.

▶ Die Speisen nicht zu stark würzen. Als Neuling erreicht man die richtige Würze am besten, wenn man die Speise bei der Zubereitung zunächst leicht würzt und sie erst später beim Abschmecken auf den gewünschten Geschmack abstimmt.

▶ Mit Salz und Pfeffer bei Fleisch und Fisch vorsichtig umgehen. Beides, vor allem Salz, entzieht dem Fleisch/Fisch Wasser. Deshalb nach oder erst unmittelbar vor dem Braten verwenden.

▶ Kräuter immer frisch verarbeiten. Wenn das nicht möglich ist, sind gefrorene Kräuter den getrockneten vorzuziehen.

▶ Damit Kräuter ihre volle Würzkraft und ihren Vitamingehalt behalten, sollten sie erst kurz vor dem Anrichten zur Speise gegeben werden.

▶ Wenn die Rezepte es nicht ausdrücklich fordern, sollten frische Kräuter nicht mitgekocht werden.

▶ Essig nicht direkt auf das Fleisch oder den Fisch geben. Er zieht die Poren zusammen und macht dadurch das Fleisch oder den Fisch hart. Er sollte mit Wasser verdünnt werden.

▶ Die Gewürzangaben in den Rezepten dieses Ratgebers sind als Richtwerte zu verstehen. Sie können und sollten auf den individuellen Geschmack der eingeladenen Gäste abgestimmt werden.

Küchenkräuter eignen sich zum Selberziehen, nicht nur im eigenen Garten, sondern auch auf dem Balkon oder in der Küche. Selbstgezogene Kräuter haben den Vorteil, immer frisch zu sein. So können sie ihr Aroma voll auf die Speisen übertragen.

Pasteten und Terrinen

Mit Phantasie lassen sich viele einfache Küchengeräte als Pasteten- und Terrinenformen verwenden.

Unter Pasteten und Terrinen versteht man gegarte Speisen, die aus sehr fein zerkleinertem Fleisch, Fisch oder Gemüse hergestellt werden. In die Fleisch-, Fisch- oder Gemüsemasse, die so genannte Farce, können Einlagen untergemischt oder als eine extra Schicht eingelegt werden. Die Zubereitung der Farce für Pasteten und Terrinen ist gleich. Man kann also ein Pastetenrezept auch als Terrine oder umgekehrt zubereiten.

Pasteten – mit Teigmantel oder Leber

Der Name Terrine leitet sich von der Form ab, in der die Terrinen gegart werden. Früher nahm man dazu eine irdene (erdene) Schüssel. Da Erde auf Lateinisch »terra« heißt, ergab sich daraus Terrine.

Pasteten im Sinne dieses Ratgebers werden aus einer Fleisch-, Fisch- oder Gemüsefarce hergestellt. Die Farce wird entweder von einem Teigmantel umschlossen und gegart, oder sie wird ohne Teigmantel, dafür aber mit einem größeren Leberanteil zubereitet. Beide Arten werden in einer feuerfesten Form gebacken oder im Wasserbad gegart.

Terrinen – ohne Teigmantel

Auch bei Terrinen wird die Farce aus den genannten Grundmaterialien hergestellt. Sie wird jedoch nicht im Teigmantel gegart und enthält keinen Leberanteil. Die Terrinenformen werden in der Regel mit Speck ausgelegt und nach dem Befüllen im Wasserbad gegart.

Portionenangaben

Die Mengenangaben der Rezepte beziehen sich auf vier bis sechs Portionen, wenn die Pasteten oder Terrinen als Hauptmahlzeit gereicht werden, und auf zehn bis zwölf Portionen, wenn sie als Vorspeise oder als Zwischenmahlzeit gedacht sind.

Geräte und Hilfsmittel

Im Allgemeinen sind alle zur Herstellung von Pasteten und Terrinen erforderlichen Geräte und Hilfsmittel in einer normal ausgestatteten Küche vorhanden. Zum Zerkleinern der Zutaten wird zunächst ein scharfes Messer gebraucht, um die Lebensmittel in fleischwolfgerechte (in den Rezepttexten = grobe) Stücke zu schneiden. Darüber hinaus wird ein Fleischwolf mit einer sehr feinen Scheibe, ein Mixer oder eine Moulinette benötigt. Zum Garen von Pasteten oder Terrinen braucht man feuerfeste Formen, die mit einem Deckel oder einer Alufolie verschlossen werden können, entweder aus Metall (z. B. Kastenformen für Kuchen) oder Keramik (Auflaufformen). Zum Garen im Wasserbad benötigt man zudem entsprechend große Töpfe, die in den Backofen hineinpassen und die Pasteten- oder Terrinenformen mit jeweils zwei bis drei Zentimeter Luft aufnehmen können.

Pastete zuzubereiten bedarf einiger Übung. Solange Sie noch ein Neuling auf diesem Gebiet sind, sollten Sie mit der Zubereitung einfacher Terrinen beginnen.

Beliebige Formen

Rechteckige Formen eignen sich am besten, da sich in solchen Formen gebackene Pasteten und Terrinen gleichmäßig garen und aufschneiden lassen. Ovale oder figürlich gestaltete Formen sollte man nur für Pasteten, die nicht im Teigmantel gegart werden, verwenden, da sich diese Formen nur schwer mit Teig auslegen lassen. Außerdem ist bei den Endstücken der Teiganteil meist wesentlich höher als der der Farce. Für Terrinen können alle Arten von Formen verwendet werden, vorausgesetzt sie sind feuerfest und lebensmittelecht.

Sorgfältige Zubereitung

Da die Farce, der eigentliche Inhalt einer jeden Pastete und Terrine, sehr empfindlich ist, erfordert ihre Zubereitung besondere Aufmerksamkeit. Dagegen ist die Herstellung der verschiedenen Teigmäntel für geübte Hobbybäcker eher Routine (siehe Seite 25).

Empfindliche Farce

- Nur beste Zutaten garantieren Erfolg. Deshalb Fleisch und Fisch vorab von Fett, Sehnen, Haut bzw. Gräten befreien.
- Das Fleisch und alle anderen Zutaten müssen kalt verarbeitet werden. Während der Zubereitung darf die Farce nicht über 16 bis 17 °C warm werden, da sonst die Gefahr besteht, dass sich die Zutaten nicht zu einer homogenen Masse verbinden. Wird die Farce zu warm, kann sie bröckelig werden. Um die Farce kühl zu halten, kann die Schüssel mit der Farce während der Zubereitung z. B. auf Eis gestellt werden. Man kann sie aber auch zwischen einzelnen Arbeitsschritten immer wieder zum Durchkühlen in den Kühlschrank stellen.
- Um die Farce möglichst fein zu bekommen, sollte das Fleisch mit den jeweils passenden Zutaten mindestens zweimal durch die feinste Scheibe des Fleischwolfes gedreht werden. Will man einen noch größeren Feinheitsgrad erreichen, kann man das Fleisch anschließend durch ein Sieb passieren oder in einem Mixer pürieren.

Werden Einlagen verarbeitet, sollten sie mit der Farce so aufeinander abgestimmt werden, dass beim Aufschneiden nicht nur ein ansprechendes Muster, sondern auch ein wirkungsvoller farblicher Kontrast entsteht.

Sehr genau arbeiten

- Damit sich die Pastete oder Terrine nach dem Garen und Abkühlen leicht aus der Form lösen lässt, kann der Boden der Form mit einer Backfolie ausgelegt werden.
- Wird die Form mit einem Teigmantel oder mit Speck bzw. Schinken ausgelegt, ist darauf zu achten, dass die Form gleichmäßig ausgekleidet wird. Die Farce sollte die Form nie berühren, denn sonst lässt sie sich nicht gut herausnehmen.
- Beim Befüllen der Form ist darauf zu achten, dass die Farce gleichmäßig darin verteilt wird. Besonders beim Ausfüllen von Ecken und Kanten ist sorgfältig zu arbeiten, da hier sonst leicht Hohlräume entstehen. Diese erschweren dann das Aufschneiden in Scheiben.
- Nach dem Befüllen der Form muss die Pastete oder Terrine sofort gegart werden. Sie sollte nicht im rohen Zustand für längere Zeit im Kühlschrank gelagert werden. Denn so stark zerkleinerte Zutaten verderben schnell, mit dem Effekt, dass das Gericht sauer wird.

Vorsicht beim Garen

- Beim Garen von Pasteten und Terrinen im Wasserbad ist darauf zu achten, dass der Topf für das Wasserbad ausreichend groß ist. Um ein gleichmäßiges Garen zu gewährleisten, sollten zwischen Form und Topfwand mindestens zwei Zentimeter Platz für das Wasser sein. Die Wassertemperatur sollte während des Garens 80 °C betragen. Für die Praxis bedeutet dies, dass man den Backofen zunächst auf die erforderliche Temperatur erhitzt und lauwarmes oder auch kaltes Wasser in den Topf oder die Backofenwanne gießt. Dann stellt man die gefüllte Form hinein und kontrolliert während des Garens, dass das Wasser im Wasserbad nicht siedet.
- Die Pastete oder Terrine muss vollständig durchgegart werden. Die Farce darf in der Mitte nicht mehr roh sein, da sie sonst schnell verderben und ihr Verzehr zu gesundheitlichen Schäden führen könnte. Ob das Gericht durchgegart ist, kann mit einem Bratthermometer festgestellt werden. Die Kerntemperatur sollte 68 °C betragen. Eine Garprobe kann auch mit einem Holzstäbchen vorgenommen werden, der in die Pastete oder Terrine gestochen wird. Haften beim Herausziehen keine rohen Farceteilchen an dem Stab, ist die Speise fertig.

Pasteten und Terrinen müssen immer vollkommen durchgegart sein. Durch die Wärme, die über längere Zeit im Inneren der Farce herrscht, würden rohe Fleischteilchen schnell verderben und die Pastete oder Terrine ungenießbar machen.

Nachbehandlung

- Die Pastete verliert beim Garen je nach Fettgehalt etwas an Masse. Deshalb kann sich zwischen Farce und Teigdeckel ein Hohlraum bilden. Damit die Pastete trotzdem schnittfähig bleibt, muss dieser Hohlraum mit einer Gelierflüssigkeit (siehe Grundrezept für Gelierflüssigkeit Seite 27) ausgefüllt werden. Gewöhnlich ist dies bei der häuslichen Herstellung jedoch nicht erforderlich, da sich der Teigdeckel während des Garens und auch danach auf die Farce senken wird.
- Hat sich beim Backen etwas Fett oder Feuchtigkeit auf der Pastete gebildet, sollte es/sie vorsichtig abgeschöpft oder abgegossen werden. Anschließend kann man die Pastete ohne Abdeckung zum Bräunen noch 10 bis 15 Minuten bei 180 °C (Umluft 160 °C, Gas Stufe 2–3) im Backofen überbacken.

Richtig servieren

Terrinen können wirkungsvoll in schön gestalteten Formen zubereitet werden. Damit sie beim Herauslösen nicht beschädigt werden, sollten sie unabhängig, ob sie warm oder kalt angerichtet werden, in den Formen serviert werden. Solche Formen wirken sehr dekorativ auf einem Partybüfett. Reste können dann in den Formen aufgehoben werden.

In Scheiben schneiden

Vielfach wird jedoch das Servieren von kalten, aufgeschnittenen Pasteten oder Terrinen bevorzugt. In diesem Fall wird die Pastete oder Terrine aus der Form genommen. Hierbei muss man sehr behutsam vorgehen, damit der Teigmantel und die Farce nicht beschädigt werden. Bevor die Pastete oder Terrine aus der Form genommen werden kann, muss allerdings die Farce vollständig durchgekühlt sein. Man stellt sie dazu für etwa 24 Stunden in den Kühlschrank.

Um die Pastete oder Terrine während einer Party lange kühl und damit appetitlich aussehend zu halten, empfiehlt es sich, die Platte mit den Pastetenscheiben auf Eiswürfel oder Kühlelemente zu stellen.

Vorher behutsam aus der Form lösen

Um die Pastete oder Terrine aus der Form zu stürzen, löst man zunächst alle Teile, die am Formrand haften, mit einem scharfen Messer. Danach stellt man die Form kurz in heißes Wasser. Die Außenseiten von Teig und Farce werden dadurch geschmeidig, und das Gericht rutscht beim behutsamen Umstürzen leichter aus der Form. Eine andere Möglichkeit, die Pastete aus der Form zu lösen, ist, eine Backfolie in der Größe des Bodens der Form zurechtzuschneiden und die Form vor dem Befüllen damit auszulegen. Nach dem Garen lässt sich die Pastete, nachdem sie mit einem scharfen Messer vom Formrand gelöst wurde, leicht herausstürzen. Die Backfolie kann danach problemlos vom Pastetenboden abgezogen werden. Zum Aufschneiden benötigt man ein sehr scharfes Messer. Die einzelnen Pasteten- oder Terrinenscheiben werden auf einer kalten Platte angerichtet. Sie halten sich dadurch länger frisch und bleiben schnittfest.

Grundrezepte

Wer erst einmal das Prinzip der Herstellung von Terrinen und Pasteten verstanden hat, der wird schnell Freude an den unterschiedlichen Rezepten finden. Mit etwas Mühe und Zeitaufwand kann man nämlich Gerichte schaffen, die sich garantiert ganz besonderer Aufmerksamkeit erfreuen werden.

Teigmäntel

Die Mengenangaben für die Grundrezepte sind so berechnet, dass man eine mittelgroße Kastenform (30 x 11 x 8 Zentimeter) einschließlich Deckel damit auslegen kann. Verwenden Sie besondere Pastetenformen, müssen Sie die Zutatenmenge entsprechend anpassen.

Blätterteig

Blätterteig selbst herzustellen ist sehr aufwändig, Tiefkühlware dagegen qualitativ sehr hochwertig. Deshalb dient bei allen Blätterteigrezepten dieses Buches tiefgefrorener Blätterteig als Ausgangsprodukt. Er wird meist in Packungen à 450 bis 500 Gramm in Supermärkten angeboten. Für eine Kastenform von mittlerer Größe (siehe oben) werden 300 bis 400 Gramm benötigt.

Blätterteig darf nicht nur in eine Richtung gerollt werden, da er sich sonst beim Backen in dieser Richtung zusammenzieht.

1 Den tiefgefrorenen Blätterteig auspacken und bei Zimmertemperatur auftauen lassen; das dauert etwa 20 Minuten. 2 Eine Arbeitsfläche leicht einmehlen und die Stücke darauf in Längs- und Querrichtung 3 bis 4 Millimeter stark ausrollen. 3 Den Teig für die Form mit einem Teigrad oder einem dünnen, sehr scharfen Messer gemäß Abschnitt »Auslegen und Befüllen der Formen« (Seite 28) ausschneiden. Der Teig darf beim Schneiden nicht an den Schnittkanten zusammengedrückt werden, da er sonst nicht locker aufgeht. 4 Die Teigreste können aufeinander gelegt, leicht zusammengedrückt und erneut ausgerollt werden. Aus diesen Stücken schneidet man Verzierungen.

Hefeteig

450 g Mehl • 1/2 TL Salz • 1 Würfel Hefe
1 Prise Zucker • 1/4 l Milch 80 • g Butter

Anstelle von frischer Hefe kann auch Trockenhefe verwendet werden. Die Verarbeitung erfolgt entsprechend der Packungsangaben.

1 Das Mehl und das Salz in eine Rührschüssel sieben und in die Mitte eine Mulde drücken. Die Hefe hineinbröckeln und den Zucker darüber streuen. **2** Die Milch und die Butter zusammen lauwarm erwärmen. Diese Mischung nach und nach mit dem Knethaken einer Rührmaschine unter das Mehl vermengen; dabei den Knethaken immer wieder hochziehen, damit Luft in den Teig eingearbeitet wird. **3** Den Teig abdecken und 1/2 Stunde an einem warmen Platz gehen lassen. Den Teig überprüfen. Ist er noch klebrig, noch etwas Mehl einarbeiten. **4** Den Teig auf einer leicht bemehlten Arbeitsfläche auf eine Stärke von 3 bis 4 Millimeter ausrollen. Den Teig für Boden, Rand und Deckel gemäß Abschnitt »Auslegen und Befüllen der Formen« (Seite 28) ausschneiden. **5** Die Teigreste können zusammengedrückt und erneut ausgerollt werden. Aus diesen Stücken können beliebige Verzierungen geformt werden.

Mürbeteig

250 g Mehl • 1 Prise Salz • 125 g Butter oder Margarine • 1 Eigelb
1 bis 2 EL lauwarmes Wasser

Wenn Ihnen das dünne Ausrollen des Mürbteigs nicht gelingen will, können Sie ihn auch mit den Fingern in der Form gleichmäßig dünn ausdrücken.

1 Alle Zutaten so rechtzeitig bereitstellen, dass sie vor dem Verarbeiten die gleiche Temperatur haben. **2** Das Mehl auf eine Arbeitsfläche oder in eine entsprechend große Schüssel sieben, salzen und in die Mitte eine Mulde drücken. Die Butter oder die Margarine in Flocken einlegen. Das Eigelb über die Butter geben. **3** Zügig alle Zutaten von Hand zu einem glatten Teig verkneten. Falls er rissig wird, das Wasser unterarbeiten. **4** Den Teig zu einer Kugel formen, in Folie wickeln und etwa 1 Stunde im Kühlschrank durchkühlen lassen. **5** Den Teig auf einer leicht bemehlten Arbeitsfläche 3 bis 4 Millimeter stark ausrollen. Klebt der Teig noch, kann man ihn für einige Zeit im Kühlschrank weiter durchkühlen lassen. **6** Die Teigstücke für Boden, Rand und Deckel gemäß Abschnitt »Auslegen und Befüllen der Formen« (Seite 28) ausschneiden. **7** Die Teigreste können zusammengedrückt, erneut ausgerollt und zu Verzierungen geschnitten werden.

Gelierflüssigkeiten

Beim Garen von Pasteten bilden sich zuweilen Hohlräume zwischen der Farce und dem Teigdeckel. Zum Auffüllen solcher Hohlräume nach dem Garen benötigt man eine Flüssigkeit, die sich leicht verteilen lässt und später erstarrt und damit dem Gericht die nötige Standfestigkeit verleiht, um es in Scheiben schneiden zu können. Solch eine Gelierflüssigkeit dient auch dazu, Terrinen mit einem glänzenden Überzug zu versehen. Das folgende Grundrezept ist beliebig variierbar. Anstelle von gekörnter Brühe und Wasser können auch Fleisch-, Fisch-, Gemüsebrühe oder Beize, die beim Zubereiten der Pasteten oder Terrinen anfällt, verarbeitet werden.

Gelatine ist ein Gelierstoff, der aus Schwarten, Knorpel und Knochen gewonnen wird. Das in der Gelatine enthaltene Leimeiweiß löst sich beim Kochen auf und verbindet sich mit der Kochflüssigkeit.

Gelierflüssigkeit

2 Blatt weiße Gelatine • etwas kaltes Wasser zum Einweichen

gekörnte Brühe nach Angabe • 1/8 l Wasser

1 Die Gelatine in kaltem Wasser einweichen. **2** Die Brühe in dem Wasser auflösen und dieses (bzw. andere zu verwendende Flüssigkeit) erhitzen. **3** Die Gelatine ausdrücken und unter Rühren in der Flüssigkeit auflösen. **4** Die Gelierflüssigkeit würzen, um sie geschmacklich auf die Pastete oder Terrine abzustimmen. **5** Die Gelierflüssigkeit warm durch eine der Öffnungen im Teigdeckel oder direkt über die etwas abgekühlte, aber noch warme Farce gießen, bis der Hohlraum zwischen Farce und Teigdeckel ausgefüllt ist. Reicht 1/8 Liter dazu nicht aus, muss entsprechend mehr Gelierflüssigkeit angesetzt werden. **6** Die Pastete sollte beim Auffüllen noch warm sein, damit die Gelierflüssigkeit in die Oberschicht der Farce eindringen kann und sich gut mit ihr verbindet. **7** Auskühlen lassen.

Auslegen und Befüllen der Formen

Genauso wichtig wie die sorgfältige Zubereitung der Farce sind die Arbeiten an der Form beim Zuschneiden und Auslegen vom Teig bzw. dem Auskleiden der Form mit Speckstreifen.

Den Teig richtig zuschneiden

Teigreste können mit ein wenig Geschick zu Ornamenten oder Figuren geformt werden. Pasteten oder Terrinen lassen sich damit effektvoll dekorieren.

Für das Auslegen der Form mit Teig kann die Größe der Teigstücke mit der Form markiert werden. Hierzu den Boden, die offene Oberseite und die Seitenteile einzeln auf den ausgerollten Teig drücken und mit einem spitzen Gegenstand nachzeichnen. Die einzelnen Stücke mit einem Teigrad oder einem scharfen Messer ausschneiden, wobei man bei den Seitenwänden in der Höhe etwa 2 Zentimeter zugibt. Besitzt man einige Erfahrung im Umgang mit Teig, kann man bei rechteckigen oder quadratischen Formen auch die Form des Teigmantels als Ganzes ausschneiden. Zum Markieren der Konturen den Boden der Form zunächst leicht auf den Teig drücken. Dann die Form kippen, zunächst nach oben, um eine Längsseite und anschließend nach unten, um die andere Längsseite abzubilden. Die beiden anderen Seitenwände sinngemäß markieren. Auf dem Teig zeichnet sich jetzt der Boden mit vier anstoßenden Seiten ab. Die Konturen mit einem Stab nachziehen. Die Höhe der Seitenteile wird um etwa 2 Zentimeter verlängert. Den Teig ausschneiden. Die Form mit der Oberseite auf den Teig drücken und dieses Stück als Deckel ausschneiden.

Form auskleiden – Farce einfüllen – abdecken

Die ausgeschnittenen Teigstücke zum besseren Transport mit Mehl bestauben und übereinander klappen. In die Form legen und dort wieder auseinander klappen. Den überstehenden Rand nach außen umklappen. Soll die Form mit Speck oder Schinken ausgelegt werden, ist darauf zu achten, dass sich die einzelnen Scheiben gut überlappen, damit die Farce beim Garen vollständig in Speck oder Schinken eingehüllt bleibt. Die Farce in einer etwa 3 Zentimeter dicken Schicht in die Form füllen und mit einem Löffel sorgfältig in die Ecken und Kanten drücken, es dürfen keine Hohlräume entstehen. Die Farce Schicht um Schicht weiter einfüllen und zum Schluss glatt streichen. Die überstehenden Teigränder nach innen klappen und leicht auf die Farce drücken. Den Deckel auf die Pastete legen und mit einem Löffel auf die Pastete drücken. Soll der Teigdeckel beim Garen eine besonders kräftige Farbe erhalten, kann er mit verquirltem Eigelb bestrichen werden. Aus Teig hergestellte Verzierungen mit Eigelb auf den Teigdeckel kleben und ebenfalls einstreichen.

Wenn Sie noch ein Neuling in der Pastetenherstellung sind, sollten Sie zunächst Pasteten ohne Teigdeckel zubereiten. Es entfallen dann die aufwändigen Arbeiten des Abdeckens und des Ausfüllens des Hohlraumes nach dem Garen.

Dunstabzugslöcher

Damit der Dunst während des Backens abziehen kann, werden Löcher in den Teigdeckel gestochen und mit Teigresten schön dekoriert. Die Löcher müssen so groß sein, dass sie sich beim Garen nicht wieder schließen. Durch diese Löcher kann später die Gelierflüssigkeit eingefüllt werden, um den Hohlraum, der sich während des Garens zwischen Farce und Teigdeckel gebildet haben kann, zu füllen. Wird der Hohlraum nicht ausgefüllt, zerbricht der Deckel beim Herausnehmen der Pastete aus der Form oder später beim Aufschneiden der Pastete.

Ob Sie die Dunstabzugslöcher mit einem vorgefertigten Metallkegel oder mit einem anderen passenden Gerät stechen – achten Sie darauf, dass die Löcher nicht allzu groß werden.

Sehr hübsch lässt sich die Hackfleischpastete auch mit gehackten Mandeln und Petersiliensträußchen garnieren.

Rezepte für Pasteten

Betrachten Sie die Rezepte als Anleitungen. Sie können sie jederzeit verändern und Ihrem ganz spezifischen Geschmack anpassen. Dies gilt insbesondere für das Würzen. Wenn Sie noch nicht so erfahren im Umgang mit den verschiedenen Gewürzen sind, sollten Sie nicht alle Gewürzmengen auf einmal verarbeiten, sondern mehrmals zwischendurch abschmecken und gegebenenfalls nachwürzen.

Fleischpasteten

Die klassischen Zubereitungen für Pasteten bestehen aus Fleisch. Ob es Schweine-, Rind-, Kalb-, Lamm- oder Wildfleisch sein soll, ist lediglich eine Frage des persönlichen Geschmacks.

Hackfleischpastete

Für den Teigmantel: *250 g Mehl • 125 g Butter • 1 Eigelb 1/2 TL Salz • Wasser*

Für die Farce: *1 altbackenes Brötchen • 1 große Gemüsezwiebel 1/2 Apfel • 150 g Champignons • 3 EL Öl • 1 Bund Petersilie 1 Bund Schnittlauch • 100 g gekochter Schinken • 100 g roher Schinken 500 g Hackfleisch vom Rind • 1 Ei • 1 Schnapsglas Weinbrand 1 TL Salz • 1/2 TL Zitronenpfeffer • je 1 Messerspitze Muskatnuss und Majoran* • Für die Form: *Öl*

Für die Gelierflüssigkeit: *2 Blatt weiße Gelatine • gekörnte Brühe 1/8 l Wasser*

Für die Hackfleischpastete eignet sich eine Kastenform. Sie lässt sich am einfachsten mit Teig auslegen, und die Pastete kann nach dem Erkalten gut in Scheiben geschnitten werden.

1 Für den Teigmantel aus den Zutaten einen Mürbeteig gemäß Grundrezept Seite 26 zubereiten und kalt stellen. **2** Für die Farce das Brötchen in Wasser einweichen und später ausdrücken. **3** Die Gemüsezwiebeln abziehen und vierteln. Den Apfel waschen, das Kerngehäuse entfernen und das Fruchtfleisch vierteln. **4** Die Champignons putzen und klein würfeln. Das Öl in einer Pfanne erhitzen und die Champignonwürfel darin anschwitzen, herausnehmen, abtropfen und abkühlen lassen. Die Petersilie waschen, abtrocknen und fein hacken. Den Schnittlauch waschen, abtrocknen und in Röllchen schneiden. Beide Schinkenarten klein würfeln. **5** Hackfleisch, Zwiebel- und Apfelstücke sowie die Brotmasse zweimal durch die feine Scheibe eines Fleischwolfs drehen. Ei und Weinbrand zufügen, mit Salz, Zitronenpfeffer, Muskatnuss und Majoran würzen. Alles zu einer homogenen Farce vermengen. Champignons, Petersilie, Schnittlauch und Schinken unterheben. Abschmecken. **6** Den Backofen vorheizen auf 180 °C (Umluft 160 °C, Gas Stufe 2–3). Eine Form mit Öl ausfetten. **7** Den Teig ausrollen, die Stücke für Form und Deckel zurechtschneiden und die Form mit dem Teig auslegen (siehe Seite 28). **8** Die Farce in die Form füllen, glatt streichen und mit dem Teigdeckel abdecken. Die aneinander stoßenden Teigränder gut zusammendrücken. In den Teigdeckel Dunstabzugslöcher stechen (siehe Seite 29). Die Form mit einem Deckel oder einer Alufolie verschließen. **9** Die Pastete im Backofen 90 Minuten backen. Eine Garprobe machen, dafür ein Holzstäbchen in die Pastete stechen: An dem Stab dürfen keine rohen Fleischteilchen haften. Die Form aus dem Backofen nehmen, den Deckel oder die Alufolie entfernen und die Pastete in weiteren 10 bis 15 Minuten überbacken. Aus dem Backofen nehmen und bei Zimmertemperatur abkühlen lassen.

Als Bestandteil eines Partybuffets erfreut sich diese Hackfleischpastete bei Gästen immer wieder großer Beliebtheit. Wer sie etwas schärfer haben möchte, kann auch mit Chilipulver würzen.

Tipp: Soll die Pastete warm gegessen werden, kann sie in der Form serviert werden. Soll die Pastete kalt serviert werden, wird sie, falls erforderlich, mit Gelierflüssigkeit (siehe Seite 27) ausgegossen. Zum vollständigen Durchkühlen die Pastete für etwa 24 Stunden in den Kühlschrank stellen. Vor dem Servieren die kalte Pastete auf ein Brett stürzen und mit einem scharfen Messer in etwa 1 Zentimeter dicke Scheiben schneiden. Die Pastetenscheiben auf einer kalten Platte anrichten. Diese Pastete kann auch als Hauptmahlzeit serviert werden. Als Beilage eignet sich Kartoffelsalat, frischer Blattsalat in Schmandsauce oder ein gemischter Salat mit kräftigem Landbrot.

Kasselerpastete

Für den Teigmantel: *250 g Mehl • 125 g Butter • 1 Eigelb*
1/2 TL Salz • Wasser
Für die Farce: *700 g schieres Kasseler • 1/2 l Fleischbrühe • 2 Äpfel*
200 g Sauerkraut • 2 EL Butter • 1 Messerspitze Zitronenpfeffer
3 Eier • 1/4 TL Sojasauce • 3 EL Mehl • Für die Form: *Öl*
Für die Gelierflüssigkeit: *2 Blatt weiße Gelatine • 1/8 l Fleischbrühe*

Für Gelierflüssigkeiten wird die Gelatine in kaltem Wasser eingeweicht, ausgedrückt, in heißer Flüssigkeit aufgelöst und vorsichtig über die fast erkaltete Pastete gegossen.

1 Für den Teigmantel aus den Zutaten einen Mürbeteig gemäß Grundrezept auf Seite 26 zubereiten und kalt stellen. **2** Das Kasseler mit der Fleischbrühe aufkochen und bei schwacher Hitze in etwa 40 Minuten garen. **3** In der Zwischenzeit die Äpfel schälen, das Kerngehäuse entfernen und das Fruchtfleisch vierteln. **4** Ein Viertel des gegarten Kasselers in kleine Würfel schneiden. Das restliche Kasseler in Stücke schneiden und zusammen mit dem Sauerkraut und den Apfelvierteln zweimal durch die feinste Scheibe eines Fleischwolfes drehen. Die Butter und den Zitronenpfeffer sowie die Kasselerwürfel zur Fleischmasse geben und alles zu einer homogenen Farce vermengen. Abschmecken. **5** Den Backofen vorheizen auf 180 °C (Umluft 160 °C, Gas Stufe 2–3). Eine Form mit Öl ausfetten. **6** Die Eier in eine Schüssel aufschlagen und mit Sojasauce und Mehl verquirlen. **7** Den Teig ausrollen, die Stücke für Form und Deckel zurechtschneiden und die Form mit dem Teig auslegen (siehe Seite 28). **8** Die Farce in die Form füllen, glatt streichen, mit der Eimasse übergießen und mit dem Teigdeckel abdecken. Die aneinander stoßenden Teigränder zusammendrücken. In den Teigdeckel Dunstabzugslöcher stechen (siehe Seite 29) und die Form mit einem Deckel oder einer Alufolie verschließen. **9** Die Form in den heißen Backofen schieben und die Pastete 40 Minuten backen. Eine Garprobe machen, dafür ein Holzstäbchen in die Pastete stechen: An dem Stab dürfen keine rohen Fleischteilchen haften. Die Form aus dem Backofen nehmen, den Deckel oder die Alufolie entfernen und die Pastete in weiteren 10 bis 15 Minuten überbacken. Herausnehmen und bei Zimmertemperatur etwas abkühlen lassen.

Tipp: Soll die Pastete warm gegessen werden, kann sie in der Form serviert werden. Soll sie kalt gegessen werden, wird sie, falls erforderlich, mit Gelierflüssigkeit (siehe Seite 27) ausgegossen. Zum vollständigen Durchkühlen die Pastete für etwa 24 Stunden in den Kühlschrank stellen. Vor dem Servieren die kalte Pastete auf ein Brett stürzen und mit einem scharfen Messer in etwa 1 Zentimeter dicke Scheiben schneiden. Die Pastetenscheiben auf einer kalten Platte anrichten. Dazu schmeckt herzhaftes Brot und Bier.

Kalbspastete

Für den Teigmantel: *1 Packung tiefgefrorener Blätterteig*

Für die Farce: *400 g Kalbfleisch ohne Sehnen und Knochen • 1/2 TL Salz*
200 g durchwachsener Speck • 200 g Schweinefleisch ohne Knochen
1 altbackenes Brötchen • 100 g gekochter Schinken • 1 Paprikaschote
2 Eier • 1 Schnapsglas Grappa • 1 EL Sojasauce • 1 TL Basilikum
1 TL Thymian • 50 g gehackte Pistazien • Für die Form: *Öl*

Für die Gelierflüssigkeit: *2 Blatt weiße Gelatine • 1/8 l Fleischbrühe*

Getrockneter Thymian hat eine etwas stärkere Würzkraft als frischer Thymian. Falls frische Blätter verwendet werden, einfach die Menge leicht erhöhen.

1 Den Blätterteig auftauen (siehe Seite 25). **2** 150 Gramm Kalbfleisch mit etwas Salz und der Hälfte vom Speck anbraten, gar schmoren, herausnehmen und klein würfeln. **3** Das restliche Kalbfleisch, das Schweinefleisch und den restlichen Speck in grobe Stücke schneiden. Das Brötchen in etwas Wasser einweichen und ausdrücken. Kalb- und Schweinefleisch, Speck und Brotmasse zweimal durch die feinste Scheibe eines Fleischwolfs drehen. **4** Den Schinken in kleine Würfel schneiden. Die Paprikaschote waschen, putzen und das Fruchtfleisch würfeln. **5** Die Eier mit Grappa, Sojasauce und Salz verquirlen. Die Mischung zum Fleisch geben und alles zu einer homogenen Masse vermengen. Schinken- und Paprikawürfel, Basilikum, Thymian und Pistazien unter die Farce mengen. Abschmecken. **6** Den Backofen vorheizen auf 180 °C (Umluft 160 °C, Gas Stufe 2–3). Eine Form ausfetten. **7** Den Blätterteig ausrollen, für den Deckel ein entsprechend großes Stück Teig zurücklegen und die Form mit dem Teig auslegen (siehe Seite 28). **8** Die Hälfte der Farce in die Form füllen, glatt streichen und die gebratenen Fleischwürfel gleichmäßig auf der Fläche verteilen. Die restliche Farce darüber geben, die Oberfläche glatt streichen und mit dem Teigdeckel abdecken. In den Teigdeckel Dunstabzugslöcher stechen (siehe Seite 29). Die Pastetenform mit einem Deckel oder einer Alufolie verschließen. **9** Die Form in den heißen Backofen schieben und die Pastete etwa 90 Minuten backen. Eine Garprobe machen, dafür ein Holzstäbchen in die Pastete stechen: An dem Stab dürfen keine rohen Fleischteilchen haften. Die Form aus dem Backofen nehmen, den Deckel oder die Alufolie entfernen und die Pastete in weiteren 10 bis 15 Minuten überbacken. Herausnehmen und bei Zimmertemperatur etwas abkühlen lassen.

Pasteten, die kalt serviert werden, soll man immer auf gut durchgekühlten Platten anrichten. Das Fett in der Pastete bleibt dadurch fest, und die Pastete sieht so länger knackig frisch aus.

Tipp: Soll die Pastete warm gegessen werden, kann sie in der Form serviert werden. Soll sie kalt serviert werden, wird sie, falls erforderlich, mit Gelierflüssigkeit (siehe Seite 27) ausgegossen. Zum vollständigen Durchkühlen für etwa 24 Stunden in den Kühlschrank stellen. Vor dem Servieren die Pastete auf ein Brett stürzen, in etwa 1 Zentimeter dicke Scheiben schneiden und auf einer kalten Platte anrichten.

Ebenso gut wie die Gelatine aus Fleischbrühe schmeckt ein Gelee aus Zitrone, Kirschen oder Wein. Probieren Sie aus, welche Geschmacksrichtung Ihnen am besten zusagt.

Kalbsleberpastete

Für die Farce: *500 g Kalbsleber • 150 g fettes Schweinefleisch*
1 altbackenes Brötchen • 1 kleine Gemüsezwiebel • 30 g Butter
20 g getrocknete Morcheln • 1 Bund Petersilie • 2 Eier • 2 EL Sahne
1/2 TL Salz • Zitronenpfeffer • 1 Prise Zucker • 1 EL Sojasauce
2 EL Madeira • 40 g geriebener Parmesankäse • Für die Form: *Öl*
150 g dünne Scheiben durchwachsener geräucherter Speck

Leber dient nicht nur dazu, der Pastete einen unverwechselbaren Geschmack zu geben, sie ist auch ein ausgezeichnetes Bindemittel, das dafür sorgt, dass die Farce zusammenhält.

1 Die Leber putzen, waschen und häuten. Leber und Fleisch grob stückeln. Das Brötchen in etwas Wasser einweichen und später ausdrücken. Die Gemüsezwiebel abziehen und zerkleinern. Die Butter erhitzen und die Zwiebelwürfel darin andünsten. Abkühlen lassen. 2 Die Morcheln einweichen und später abtropfen lassen. Die Petersilie waschen, abtrocknen und fein hacken. 3 Die Leber, das Fleisch, die Brotmasse und die Zwiebeln zwei- oder dreimal durch die feinste Scheibe eines Fleischwolfs drehen. 4 Eier, Sahne, Salz, Zitronenpfeffer, Zucker, Sojasauce und Madeira verquirlen. Zusammen mit Käse, Morcheln und Petersilie zur Fleischmasse geben und alles zu einer homogenen Farce vermengen. Abschmecken. 5 Den Backofen vorheizen auf 180 °C (Umluft 160, Gas Stufe 2–3). Eine Form ausfetten und mit Speck auslegen, einige Scheiben zurücklegen. 6 Die Farce in die Form füllen, glatt streichen und mit dem restlichen Speck belegen. Die Pastetenform mit einem Deckel oder Alufolie verschließen. 7 Die Form in einen Topf stellen und diesen bis zu etwa 4 Zentimeter unterhalb des Formrandes mit Wasser füllen. Den Topf in den Backofen stellen und die Pastete etwa 90 Minuten garen. Eine Garprobe machen, dafür ein Holzstäbchen in die Pastete stechen: Daran dürfen keine rohen Fleischteilchen haften. Die Form herausnehmen, den Deckel oder die Alufolie entfernen und die Pastete in weiteren 10 bis 15 Minuten überbacken. Abkühlen lassen.

Tipp: Die Pastete für 24 Stunden in den Kühlschrank stellen. Die Pastete in der Form servieren oder mit einem Teelöffel Klöße abstechen und auf einer kalten Platte anrichten.

Lammpastete

Für die Farce: *80 g Lammleber • 300 g mageres Lammfleisch*
200 g Rindfleisch • 1 altbackenes Brötchen • 1 Zwiebel • 3 EL Öl
3 Knoblauchzehen • 2 Bund Petersilie • 100 g Feta-Käse • 3 Eier
3 EL Sherry • 1/2 TL Salz • schwarzer Pfeffer • je 1 Messerspitze
Muskatnuss, Majoran, Ingwer, Paprikapulver und Thymian
Für die Form: *Öl • 150 g dünne Scheiben durchwachsener*
geräucherter Speck

Um eine möglichst feine Farce zu erhalten, sollte man diese, nachdem man sie zweimal durch die feinste Scheibe des Fleischwolfs gedreht hat, noch einmal durch ein Sieb passieren oder in einem Mixer pürieren.

1 Leber waschen, abtrocknen, häuten und in Streifen schneiden. Beide Fleischarten in grobe Stücke schneiden. Das Brötchen in Wasser einweichen und später ausdrücken. Die Zwiebel abziehen und zerkleinern. Das Öl erhitzen und die Zwiebelwürfel darin andünsten. **2** Den Knoblauch abziehen und zerdrücken. Die Petersilie waschen, abtrocknen und fein hacken. Den Käse würfeln. **3** Beide Fleischarten, Leber, Brotmasse und Zwiebel zweimal durch die feinste Scheibe eines Fleischwolfs drehen. **4** Die Eier mit Sherry, Salz, Pfeffer, Muskat, Majoran, Ingwer, Paprika und Thymian verquirlen. Zur Fleischmasse geben und alles zu einer homogenen Farce vermengen. Abschmecken. Knoblauch, Petersilie und Käse unter die Farce mischen. **5** Den Backofen vorheizen auf 180 °C (Umluft 160 °C, Gas Stufe 2–3). Eine Form ausfetten und mit den Speckscheiben auslegen (siehe Seite 28). Einige Scheiben zum Belegen der Farce zurücklassen. **6** Die Farce in die Form füllen, glatt streichen und mit den restlichen Speckscheiben belegen. Die Form mit einem Deckel oder einer Alufolie verschließen. **7** Die Pastete im heißen Backofen etwa 90 Minuten backen. Eine Garprobe machen, dafür ein Holzstäbchen in die Pastete stechen: An dem Stab dürfen keine rohen Fleischteilchen haften. Die Form herausnehmen, die Abdeckung entfernen und die Pastete in weiteren 10 bis 15 Minuten überbacken. Die Pastete abkühlen lassen.

Tipp: Die Pastete kann warm in der Form serviert werden. Soll sie kalt gegessen werden, lässt man sie etwa 24 Stunden im Kühlschrank vollständig durchkühlen. Vor dem Servieren die kalte Pastete auf ein Brett stürzen und mit einem scharfen Messer in etwa 1 Zentimeter dicke Scheiben schneiden. Die Scheiben auf einer kalten Platte anrichten. Als Beilage eignet sich ein würziger Nudelsalat mit Gewürzgurken, Paprika und Tomaten.

Rehpastete

Für die Farce: *1/2 Bund Suppengemüse • 8 Wacholderbeeren*
3 Lorbeerblätter • 1 TL Senf- und Pfefferkörner • 2 TL Salz
300 g Rehfleisch aus der Keule • 250 g schieres Schweinefleisch
100 g Kalbsleber • 150 g frischer Speck • 1 Tasse Buttermilch
1 Zwiebel • 30 g Butter • 100 g Steinpilze • 3 Eier • 3 EL Sahne
1/2 TL Wildgewürz • 3 EL Rotwein • 30 g frisch geraspelte Trüffel
Für die Form: *Öl • 150 g dünne Scheiben durchwachsener geräucherter Speck*

Einjährige Rehe werden als Kitz bezeichnet. Bei den Zweijährigen heißen weibliche Tiere Schmaltier und männliche Tiere Jährlingsbock. Danach nennt man weibliche Tiere Ricke oder Geiß und männliche Bock.

1 Das Suppengemüse putzen. Die Wacholderbeeren andrücken und zusammen mit 1/2 Liter Wasser, Lorbeerblättern, Senf- und Pfefferkörnern, Suppengemüse und 1/2 Teelöffel Salz in einen Topf geben. Zum Kochen bringen, die Hitze reduzieren und alles bei schwacher Hitze 30 Minuten garen. Den Sud abkühlen lassen. **2** Das Rehfleisch, das Schweinefleisch, die Kalbsleber und den Speck in Streifen schneiden und so in ein flaches Gefäß legen, dass die Fleischstücke möglichst wenig übereinander liegen. **3** Den Sud durch ein Sieb abgießen und mit der Buttermilch mischen. Das Fleisch damit begießen, die Form abdecken und das Fleisch 24 Stunden an einem kühlen Ort ziehen lassen. **4** Am nächsten Tag die Zwiebel abziehen und zerkleinern. Die Butter erhitzen und die Zwiebelwürfel darin andünsten. Die Pilze waschen, abtrocknen und würfeln. **5** Das Fleisch aus dem Sud nehmen und zweimal durch die feinste Scheibe eines Fleischwolfs drehen. **6** Die Eier mit Sahne, Wildgewürz und Rotwein verquirlen. Zur Fleischmasse geben und alles zu einer homogenen Farce vermengen. Abschmecken. Die Pilze, Zwiebeln und Trüffel unter die Farce heben. **7** Den Backofen vorheizen auf 180 °C (Umluft 160 °C, Gas Stufe 2–3). Eine Form ausfetten und mit den Speckscheiben auslegen (siehe Seite 28). Einige Speckscheiben zum Belegen der Pastete zurücklegen. **8** Die Farce in die Pastetenform füllen, glatt streichen und mit den restlichen Speckscheiben belegen. Die Form mit einem Deckel oder einer Alufolie verschließen. **9** Die Pastetenform in einen Topf stellen und den Topf bis etwa 4 Zentimeter unterhalb des Randes der Form mit Wasser füllen. In den heißen Backofen stellen und die Pastete etwa 90 Minuten garen. Die Pastetenform aus dem Wasserbad nehmen, die Abdeckung entfernen, wieder in den Backofen stellen und die Pastete in weiteren 10 bis 15 Minuten überbacken. Die Form aus dem Backofen nehmen und die Pastete abkühlen lassen. Hat sich viel Fett angesammelt, das Fett abgießen.

Das beste und zarteste Fleisch stammt vom Rücken junger Rehe. Als nächste Qualitätsstufe folgt die Keule. Qualitativ nicht so hochwertig sind Schulter, Hals und Brust.

Tipp: Die Pastete kann warm in der Form serviert werden. Als Beilagen eignen sich eingelegte Rote Bete oder Kürbis und frisches Stangenbrot. Soll die Pastete kalt serviert werden, wird sie mit Gelatine übergossen. Dazu 2 Blatt weiße Gelatine in wenig Wasser einweichen. 1 Tasse der Marinade (Beize) erhitzen, die Gelatine darin auflösen und die Gelierflüssigkeit über die Pastete gießen. Zum vollständigen Durchkühlen die Pastete für etwa 24 Stunden in den Kühlschrank stellen. Vor dem Servieren die ausgekühlte Pastete auf ein Brett stürzen und mit einem scharfen Messer in etwa 1 Zentimeter dicke Scheiben schneiden. Die Scheiben auf einer kalten Platte anrichten. Zur Pastete können Cumberlandsauce, Toastbrot und Rotwein gereicht werden.

Wildschweinpastete

Für die Farce: *250 g Wildschweinleber • 500 g Bauchfleisch vom Wildschwein • 2 altbackene Brötchen • 1 Zwiebel • 100 g Champignons oder Pfifferlinge • 1 Bund Petersilie • 3 Eier • 1 TL Salz • 1/4 TL Wildgewürz • 1 EL Kapern* • Für die Form: *Öl • 150 g dünne Scheiben durchwachsener geräucherter Speck*

1 Die Wildschweinleber unter fließendem kaltem Wasser kurz waschen, abtrocknen, häuten und in grobe Stücke schneiden. Das Bauchfleisch putzen, dabei blutiges Fleisch oder zu reichliches Fett wegschneiden. Das Fleisch in grobe Stücke schneiden. **2** Die Brötchen in Wasser einweichen und später ausdrücken. Die Zwiebel abziehen und zerkleinern. **3** Die Pilze nach Bedarf waschen oder putzen, abtrocknen und in kleine Würfel schneiden. Die Petersilie waschen, trocknen, die Blätter von den Stielen zupfen, trockenschwenken und fein hacken. **4** Die Leber, das Fleisch und die Brotmasse zweimal durch die feinste Scheibe eines Fleischwolfs drehen. **5** Die Eier verquirlen, mit den Zwiebelwürfeln, Salz und Wildgewürz zur Fleischmasse geben und alles zu einer homogenen Farce vermengen. Die Kapern abtropfen lassen und zusammen mit der Petersilie und den Pilzen unter die Farce heben. Abschmecken. **6** Den Backofen vorheizen auf 180 °C (Umluft 160 °C, Gas Stufe 2–3). Eine Form ausfetten und mit den Speckscheiben auslegen, dabei einige Scheiben zum Belegen zur Seite legen (siehe Seite 28). **7** Die Farce in die Form füllen, glatt streichen und mit den restlichen Speckscheiben belegen. Die Form mit einem Deckel oder einer Alufolie verschließen. **8** Die Form in den heißen Backofen stellen und die Pastete etwa 90 Minuten backen. Eine Garprobe machen, dafür ein Holzstäbchen in die Pastete stechen: An dem Stab dürfen keine rohen Fleischteilchen haften. Oder mit einem Bratthermometer die Kerntemperatur messen, sie soll 68 °C betragen. Die Form aus dem Backofen nehmen, den Deckel oder die Alufolie entfernen und die Pastete in weiteren 10 bis 15 Minuten überbacken. Die Form endgültig aus dem Backofen herausnehmen und die Pastete bei Zimmertemperatur etwas abkühlen lassen.

Tipp: Die Wildschweinpastete kann in der Form warm serviert werden. Als Beilage eignet sich ein würziger Kartoffelsalat. Soll die Pastete kalt gegessen werden, lässt man sie bei Zimmertemperatur erst einmal ganz abkühlen und stellt sie dann für 24 Stunden in den Kühlschrank. Kurz vor dem Servieren die kalte Pastetenform kurz in warmes Wasser tauchen, damit sich die Pastete beim Stürzen besser aus der Form löst. Die Pastete auf ein Brett stürzen, mit einem scharfen Messer in etwa 1 Zentimeter dicke Scheiben schneiden und auf einer kalten Platte anrichten. Dazu schmeckt eine Cumberland- oder Mangosauce und ofenfrisches Weißbrot.

Das Fleisch von Wildschweinen, auch Schwarzwild genannt, hat eine kräftige rote Farbe und einen herzhaften aber nicht strengen Wildgeschmack. Auch hier sollte man darauf achten, das Fleisch von jungen Tieren zu kaufen.

Geflügelpasteten

Geflügel zählt seit alters her zu den klassischen Grundzutaten für Pasteten und Terrinen. Beliebt sind vor allem Ente und Gans, doch auch Pute, Hühnchen oder Fasan eignen sich gut dafür.

Die Entenpastete kann auch ohne Teigmantel als Terrine hergestellt werden. Dazu füllt man die Farce in eine ausgefettete Form, verschließt sie mit einem Deckel oder einer Alufolie und gart sie in einem Wasserbad.

Entenpastete

Für den Teigmantel: *1 Packung tiefgefrorener Blätterteig*
Für die Farce: *1 bis 2 Entenbrüste (je nach Größe der Enten) ohne Haut*
180 g Schweinefleisch • 100 g Kalbfleisch • 1 altbackenes Brötchen • 2 Äpfel
120 g Champignons • 2 Eier • Salz • Zitronenpfeffer • 1 Prise Zucker
1 TL Sojasauce • 1 Messerspitze Ingwer • 3 EL Rosinen
Für die Form: *Öl* • Für die Gelierflüssigkeit: *2 Blatt weiße Gelatine*
gekörnte Brühe • 1/8 l Wasser

1 Den Blätterteig auftauen (siehe Seite 25). **2** Die Entenbrüste, das Schweinefleisch und das Kalbfleisch in grobe Stücke schneiden. Das Brötchen in etwas Wasser einweichen und später ausdrücken. Die Äpfel waschen, schälen, Kerngehäuse entfernen und das Fruchtfleisch vierteln. **3** Die Champignons waschen, abtrocknen und in kleine Würfel schneiden. **4** Die Entenbrust, das Schweinefleisch, das Kalbfleisch, die Brotmasse und die Apfelstücke zweimal durch die feinste Scheibe eines Fleischwolfs drehen. Die Masse sollte sehr fein sein. Im Zweifelsfall die Masse noch ein drittes Mal durch die feinste Scheibe des Fleischwolfs drehen, in einem Mixer zerkleinern oder durch ein Haarsieb passieren. **5** Die Eier mit Salz, Zitronenpfeffer, Zucker, Sojasauce und Ingwer verquirlen. Zu der Fleischmasse geben und alles zu einer homogenen Farce vermengen. Abschmecken. **6** Die Rosinen und die Champignonwürfel unter die Farce heben. **7** Den Backofen vorheizen auf 180 °C (Umluft 160 °C, Gas Stufe 2–3). Eine Form ausfetten. **8** Den Blätterteig ausrollen, für den Deckel ein entsprechend großes Stück Teig zurücklegen und die Form mit dem Teig auslegen (siehe Seite 28). **9** Die Farce in die Form füllen, glatt streichen und mit dem Teigdeckel abdecken. In den Teigdeckel Dunstabzugslöcher stechen (siehe Seite 29). Die Form mit einem Deckel oder einer Alufolie verschließen. **10** Die Pastete im heißen Backofen 90 Minuten backen. Eine Garprobe machen, dafür ein Holzstäbchen in die Pastete stechen: An dem Stab dürfen keine rohen Fleischteilchen haften. Die Form aus dem Backofen nehmen, den Deckel oder die Alufolie entfernen und die Pastete in weiteren 10 bis 15 Minuten überbacken. Die Form herausholen und die Pastete bei Zimmertemperatur abkühlen lassen.

Mit nur einer Portion Gänseleberpastete von etwa 30 Gramm wird der gesamte tägliche Bedarf an Vitaminen und Mineralstoffen abgedeckt.

Tipp: Soll die Pastete warm gegessen werden, kann sie in der Form serviert werden. Soll sie kalt serviert werden, wird sie, falls erforderlich, mit Gelierflüssigkeit (siehe Seite 27) ausgegossen. Zum vollständigen Durchkühlen die Pastete für etwa 24 Stunden in den Kühlschrank stellen. Vor dem Servieren die kalte Pastete auf ein Brett stürzen und mit einem scharfen Messer in etwa 1 Zentimeter dicke Scheiben schneiden. Die Pastetenscheiben auf einer kalten Platte anrichten.

Garnierungen wie z. B. Apfelscheiben oder auch Zwiebelringe werden vor dem Backen auf die Pastete gelegt. Andere Garnierungen wie z. B. Pfefferschoten dürfen erst nach dem Abkühlen aufgelegt werden, da sie sonst den Geschmack der Pastete verändern.

Gänsepastete

Für den Teigmantel: *250 g Mehl • 125 g Butter • 1 Ei • 1 Prise Salz 1 bis 2 EL warmes Wasser*

Für die Farce: *1 Gänsebrust • 50 g gekochter Schinken • 1 altbackenes Brötchen • 50 g Schweinefleisch • 1 kleine Zwiebel • 50 g Butter • 1 Apfel 2 Eier • 2 EL Portwein • 1/2 TL Salz • je 1 Prise Pfeffer, Piment und Majoran • 1 EL Rosinen • 1 TL Thymian • 1 TL fein gehackter Liebstöckel*

Für die Form: *Öl* • Für die Gelierflüssigkeit: *2 Blatt weiße Gelatine gekörnte Brühe • 1/8 l Wasser*

Frühmastgänse kommen mit einem Gewicht von etwa sechs Kilogramm überwiegend im Herbst in den Handel. Martins- und Weihnachtsgänse sind handelsübliche Gänse, die vorwiegend zu bestimmten Anlässen gegessen werden.

1 Eine Hälfte der Gänsebrust am Vortag salzen und in einem zugedeckten Topf bei mittlerer Hitze etwa 45 Minuten garen. Die Brust soll nicht braun werden. **2** Am nächsten Tag einen Mürbeteig gemäß Grundrezept Seite 26 zubereiten und kalt stellen. **3** Die gebratene Brusthälfte enthäuten, das Fett abtrennen und das Fleisch würfeln. Den Schinken klein würfeln. **4** Das Brötchen in Wasser einweichen und später ausdrücken. Die rohe Hälfte der Gänsebrust sowie das Schweinefleisch in grobe Stücke schneiden. Die Zwiebel abziehen und zerkleinern. Die Butter erhitzen, die Zwiebelstücke darin andünsten und abkühlen lassen. **5** Das rohe Gänsefleisch, das Schweinefleisch, die Brotmasse und die Zwiebelstücke zweimal durch die feinste Scheibe eines Fleischwolfs drehen. Den Apfel schälen, das Kerngehäuse entfernen, das Fruchtfleisch reiben und unter die Fleischmasse mischen. **6** Die Eier mit Portwein, Salz, Pfeffer, Piment und Majoran verquirlen. Zur Fleischmasse geben und alles zu einer homogenen Farce vermengen. Die Rosinen, den Thymian und den Liebstöckel unter die Farce heben. Abschmecken. **7** Den Backofen vorheizen auf 180 °C (Umluft 160 °C, Gas Stufe 2–3). Eine Form ausfetten. **8** Den Mürbeteig ausrollen. Die Stücke für die Form und den Deckel zurechtschneiden und die Form mit dem Teig auslegen (siehe Seite 28). **9** Die Hälfte der Farce in die Form füllen, glatt streichen und darauf die Schinken- und Gänsebrustwürfel gleichmäßig verteilen. Die restliche Farce darüber füllen und glatt streichen. Den Teigdeckel auf die Farce legen und die aneinander stoßenden Teigränder zusammendrücken. In den Teigdeckel mehrere Dunstabzugslöcher stechen (siehe Seite 29). Die Form mit einem Deckel oder einer Alufolie abdecken. **9** Die Pastete im heißen Backofen 90 Minuten backen. Eine Garprobe machen, dafür ein Holzstäbchen in die Pastete stechen: An dem Stab dürfen keine rohen Fleischteilchen haften. Die Form aus dem Backofen nehmen, den Deckel oder die Alufolie entfernen und die Pastete in weiteren 10 bis 15 Minuten überbacken. Die Form herausnehmen und die Pastete abkühlen lassen.

Geflügelleber hat oft einen intensiven Geschmack. Diesen Geschmack kann man mildern, indem man die Leber in Vollmilch einlegt und über Nacht kühl stellt.

Tipp: Soll die Pastete warm gegessen werden, kann sie in der Form serviert werden. Soll die Pastete kalt serviert werden, wird sie, falls erforderlich, mit Gelierflüssigkeit (siehe Seite 27) ausgegossen. Zum vollständigen Durchkühlen die Pastete für etwa 24 Stunden in den Kühlschrank stellen. Vor dem Servieren die kalte Pastete auf ein Brett stürzen und mit einem scharfen Messer in etwa 1 Zentimeter dicke Scheiben schneiden. Die Pastetenscheiben auf einer kalten Platte anrichten. Als Beilage eignen sich Klöße und Backpflaumensauce.

Gänseleberpastete

Für den Teigmantel: *200 g Mehl • 100 g Butter • 1 Eigelb • 1 Prise Salz etwas Wasser nach Bedarf*

Für die Farce: *2 Gänseleber • 200 g fettes Schweinefleisch • 200 g Kalbsschnitzelfleisch • 1 kleine Zwiebel • 2 EL Öl • 70 g Trüffel • 2 Eier Saft von 1/2 Zitrone • 1 EL Wein • Salz • Pfeffer • 1 TL Sojasauce*

Für die Form: *Öl* • Für die Gelierflüssigkeit: *2 Blatt weiße Gelatine gekörnte Brühe • 1/8 l Wasser*

1 Für den Teigmantel aus den Zutaten einen Mürbeteig gemäß Grundrezept Seite 26 zubereiten und kalt stellen. **2** Für die Farce die Gänseleber von Häuten und Adern befreien, unter fließendem kaltem Wasser waschen, abtrocknen und grob stückeln. Das Schweinefleisch und das Kalbsschnitzelfleisch in grobe, fleischwolfgerechte Stücke schneiden. **3** Die Zwiebel abziehen und zerkleinern. Das Öl in einer Pfanne erhitzen, die Zwiebelstücke darin andünsten und abkühlen lassen. Die Trüffel raspeln. **4** Leber und Fleisch zweimal durch die feinste Scheibe eines Fleischwolfs drehen. Die Masse sollte sehr fein sein. Im Zweifelsfall noch ein drittes Mal durch die feinste Scheibe des Fleischwolfs drehen, in einem Mixer zerkleinern oder durch ein Haarsieb passieren. **5** Die Eier mit Zitronensaft, Wein, Salz, Pfeffer und Sojasauce verquirlen. Zusammen mit den Zwiebeln und den Trüffeln zur Fleischmasse geben und alles zu einer homogenen Farce vermengen. Abschmecken. **6** Den Backofen vorheizen auf 180 °C (Umluft 160 °C, Gas Stufe 2–3). Eine Pastetenform mit Öl ausfetten. **7** Den Teig ausrollen, die Stücke für Form und Deckel zurechtschneiden und die Form mit dem Teig auslegen (siehe Seite 28). **8** Die Farce in die Form füllen, glatt streichen, mit dem Teigstück für den Deckel abdecken und die Ränder festdrücken. In den Teigdeckel Dunstabzugslöcher stechen. Die Form mit einem Deckel oder einer Alufolie verschließen. **9** Die Pastete im heißen Backofen 90 Minuten backen. Eine Garprobe machen, dafür ein Holzstäbchen in die Pastete stechen: An dem Stab dürfen keine rohen Fleischteilchen haften. Die Form aus dem Backofen nehmen, den Deckel oder die Alufolie entfernen und die Pastete in weiteren 10 bis 15 Minuten überbacken. Die Form endgültig aus dem Backofen nehmen und die Pastete bei Zimmertemperatur abkühlen lassen.

Gänseleber und Trüffel sind zwei edle Zutaten, die auch ihren Preis haben. Dies sollte man bei der Planung des Menüs mit berücksichtigen.

Tipp: Soll die Pastete warm gegessen werden, kann sie in der Form serviert werden. Soll die Pastete kalt serviert werden, wird sie, falls erforderlich, mit Gelierflüssigkeit (siehe Seite 27) ausgegossen, um die beim Backen entstandenen Hohlräume zu füllen. Dafür die Gelatine in wenig Wasser einweichen und leicht ausdrücken. Die Brühe mit dem Wasser verrühren, erhitzen und die Gelatine darin auflösen. Die Gelierflüssigkeit auf die noch warme Pastete gießen. Zum vollständigen Durchkühlen die Pastete für etwa 24 Stunden in den Kühlschrank stellen. Vor dem Servieren die kalte Pastetenform kurz in warmes Wasser tauchen, damit sich die Pastete besser aus der Form lösen lässt. Die Pastete auf ein Brett stürzen und mit einem scharfen Messer in etwa 1 Zentimeter dicke Scheiben schneiden. Die Pastetenscheiben auf einer kalten Platte anrichten.

Eine wahre Köstlichkeit ist diese Hühnerpastete in ihrem zart knusprigen Teigmantel.

Hühnerpastete

Für den Teigmantel: *250 g Mehl • 1/8 l warme Milch • 1 Prise Salz*
1 Prise Zucker • 1/2 Würfel Hefe • 50 g Butter
Für die Farce: *1 Suppenhuhn (500 g gekochtes Hühnerfleisch)*
1 Bund Suppengemüse • 1 Brühwürfel • 1 1/2 TL Salz • 1 Gemüsezwiebel
2 Knoblauchzehen • 1 rote und 1 grüne Paprikaschote • 250 g feste
Fleischtomaten • 50 g roher Schinken • 1 Messerspitze Zitronenpfeffer
Salz • 1 1/2 EL Öl • 2 Eier • 4 EL Paniermehl • Für die Form: *Öl*
Für die Gelierflüssigkeit: *2 Blatt weiße Gelatine • gekörnte Brühe*
1/8 l Wasser

1 Das Huhn unter fließendem kaltem Wasser innen und außen waschen. Das Suppengemüse putzen. In einen Topf 1 1/2 Liter Wasser füllen, Huhn, Brühwürfel und Suppengemüse einlegen, salzen und alles zum Kochen bringen. Das Huhn bei mittlerer Hitze in 90 Minuten garen. 2 Für den Teigmantel einen Hefeteig gemäß Grundrezept Seite 26 zubereiten und zum Aufgehen an einen warmen Ort stellen. 3 Das Huhn aus dem Topf nehmen, Haut, Knochen und

Unter Suppenhühnern versteht man Tiere, die nach der Legeperiode geschlachtet wurden. Sie werden gewöhnlich zu Suppen oder Frikassee verarbeitet.

Knorpel entfernen, das zarte Fleisch auslösen und in grobe Stücke teilen. Die Gemüsezwiebel abziehen und vierteln. Die Knoblauchzehen abziehen und zerdrücken. **4** Die Paprikaschoten und die Tomaten waschen, putzen und das Fruchtfleisch klein würfeln. Die Tomatenstücke abtropfen lassen. Den Schinken in kleine Würfel schneiden. **5** Hühnerfleisch, Zwiebel- und Knoblauchstücke zweimal durch die feinste Scheibe des Fleischwolfes drehen. Die Fleischmasse mit Zitronenpfeffer, Salz, Öl, Eier und Paniermehl zu einer homogenen Farce vermengen. Tomaten-, Paprika- und Schinkenstücke unter die Farce heben. Abschmecken. **6** Den Backofen vorheizen auf 180 °C (Umluft 160 °C, Gas Stufe 2–3). Eine Pastetenform mit Öl ausfetten. **7** Den Hefeteig ausrollen, die Stücke für Form und Deckel zurechtschneiden und die Form mit dem Teig auslegen (siehe Seite 28). **8** Die Farce in die Form füllen, glatt streichen und mit dem Teigdeckel belegen. Die aneinander stoßenden Teigränder zusammendrücken. In den Teigdeckel Dunstabzugslöcher stechen (siehe Seite 29). Die Form mit einem Deckel oder einer Alufolie verschließen. **9** Die Form in den heißen Backofen stellen und die Pastete etwa 50 Minuten backen. Eine Garprobe machen, dafür ein Holzstäbchen in die Pastete stechen: An dem Stab dürfen keine rohen Fleischteilchen haften. **10** Die Form aus dem Backofen nehmen, den Deckel oder die Alufolie entfernen und die Pastete in weiteren 10 bis 15 Minuten überbacken. Herausnehmen und bei Zimmertemperatur abkühlen lassen.

Damit die Pastete eine feine Konsistenz erhält, darf nur das zarte Hühnerfleisch verarbeitet werden. Haut, Knochen, Knorpel und Fett müssen säuberlich abgetrennt werden.

Tipp: Soll die Pastete warm gegessen werden, kann sie in der Form serviert werden. Soll die Pastete kalt serviert werden, wird sie, falls erforderlich, mit Gelierflüssigkeit (siehe Seite 27) ausgegossen. Dafür die Gelatine in Wasser einweichen, in der heißen Brühe auflösen und auf die noch warme Pastete gießen. Zum vollständigen Durchkühlen die Pastete für etwa 24 Stunden in den Kühlschrank stellen. Vor dem Servieren die kalte Pastete auf ein Brett stürzen und in etwa 1 Zentimeter dicke Scheiben schneiden. Die Pastetenscheiben auf einer kalten Platte anrichten und mit Tomaten, Paprika und Petersilie garnieren. Als Beilage eignet sich ein frischer Salat.

Putenpastete

Für die Farce: *1 Putenleber • 250 g Putenbrustfleisch ohne Haut*
200 g Schweinefleisch • 1 altbackenes Brötchen • 2 Bund Petersilie
2 Eier • 3 EL Sahne • 2 EL Weinbrand • Salz • 2 Messerspitzen
Zitronenpfeffer • je 1 Messerspitze Ingwer, Muskatnuss, Majoran,
Kardamom und Thymian • 1 EL Pinienkerne
Für die Form: *Öl • 5 EL Paniermehl*

1 Die Putenleber unter fließendem kaltem Wasser kurz waschen, abtrocknen und in grobe Stücke schneiden. Putenbrustfleisch und Schweinefleisch ebenfalls in grobe Stücke schneiden. Das Brötchen in Wasser einweichen und später ausdrücken. 2 Die Petersilie waschen, abtrocknen und fein hacken. 3 Leber, beide Fleischarten und die Brotmasse zweimal durch die feinste Scheibe eines Fleischwolfs drehen. 4 Die Eier mit der Sahne und dem Weinbrand verquirlen. Mit Salz, Zitronenpfeffer, Ingwer, Muskatnuss, Majoran, Kardamom und Thymian zur Fleischmasse geben und alles zu einer homogenen Farce vermengen. Abschmecken. Die Petersilie und die Pinienkerne unter die Farce heben. 5 Den Backofen vorheizen auf 180 °C (Umluft 160 °C, Gas Stufe 2–3). Eine Form ausfetten und mit dem Paniermehl ausstreuen. 6 Die Farce in die Form füllen und glatt streichen. Die Form mit einem Deckel oder einer Alufolie verschließen. 7 Die Form in einen Topf stellen und diesen bis zu etwa 4 Zentimeter unterhalb des Randes der Form mit Wasser füllen. Den Topf in den heißen Backofen stellen und die Pastete etwa 90 Minuten garen. Eine Garprobe machen, dafür ein Holzstäbchen in die Pastete stechen: An dem Stab dürfen keine rohen Fleischteilchen haften. Die Form aus dem Wasserbad nehmen, die Abdeckung entfernen und die Pastete in weiteren 10 bis 15 Minuten überbacken. Abkühlen lassen.

Außer Putenbrust können auch andere Fleischteile der Pute verwendet werden. Allerdings sollte man darauf achten, dass sie frei von Haut, Knorpelteilen und harten Sehnen sind.

Tipp: Die Pastete zum völligen Auskühlen etwa 24 Stunden in den Kühlschrank stellen. In der Form servieren oder in etwa 1 Zentimeter dicke Scheiben schneiden und die Scheiben auf einer kalten Platte anrichten. Dazu passt frischer Salat, Stangenbrot und Weißwein.

Fasanenpastete

Für die Farce: *1 Fasan • 200 g schieres Kalbfleisch • 100 g fettes Schweinefleisch (ohne Sehnen) • 2 Schalotten • 1 EL Kräuter (Estragon und Petersilie) • 1/2 Zitrone • 100 g Champignons 100 g Geflügelleber • 60 g Butter • 8 g Salz • 2 Eier • 1 EL Kapern (ohne Essig) • 5 entkernte Oliven • 1 Prise Zitronenpfeffer 1/2 TL Speiseöl* • Für die Form: *Öl • 150 g dünne Scheiben durchwachsener geräucherter Speck*

Mit den gleichen Zutaten wie bei der Fasanenpastete kann auch eine Rebhuhnpastete zubereitet werden. In diesem Fall werden drei Rebhühner benötigt.

1 Die Fasanenbrüste auslösen und grob würfeln. Kalbfleisch und Schweinefleisch ebenfalls in grobe Stücke schneiden. Die Schalotten abziehen. 2 Die Kräuter waschen und fein hacken. Die Zitrone auspressen. Die Champignons putzen und klein würfeln. Die Leber waschen und in feine Streifen schneiden. Die Butter erhitzen und Leber und Pilze darin andünsten. 3 Fleisch und Schalotten zweimal durch die feinste Scheibe eines Fleischwolfs drehen. Die Fleischmasse mit Kräutern, Zitronensaft, Salz, Eiern, Kapern, Oliven und Zitronenpfeffer zu einer Farce vermengen. Die Champignon- und Leberstücke unterheben. Abschmecken. 4 Den Backofen vorheizen auf 180 °C (Umluft 160 °C, Gas Stufe 2–3). Eine Pastetenform mit Öl einfetten und mit Speckscheiben auslegen (siehe Seite 28). Etwas Speck zurückbehalten. 5 Die Farce in die Form füllen, die Oberfläche glatt streichen und mit dem restlichen Speck belegen. Die Pastete mit einem Deckel oder einer Alufolie verschließen. 6 Die Form in einen Topf stellen und diesen bis zu etwa 4 Zentimeter unterhalb des Randes der Form mit Wasser füllen. Den Topf in den heißen Backofen stellen und die Pastete 90 Minuten garen. Eine Garprobe machen (siehe Seite 23). Die Form herausnehmen, Abdeckung entfernen und die Pastete in 10 bis 15 Minuten überbacken. Abkühlen lassen.

Tipp: Zum Durchkühlen die Pastete für 24 Stunden in den Kühlschrank stellen. Vor dem Servieren die Pastete aus der Form stürzen. Sie kann mit oder ohne Speckscheiben serviert werden. In etwa 1 Zentimeter dicke Scheiben schneiden und diese auf einer kalten Platte anrichten.

Fischpasteten

Aus kulinarischer Sicht gehören Pasteten aus Fisch, beispielsweise aus dem beliebten Lachs, zu den Höhepunkten eines kalten Buffets. Sie vereinen feinen, edlen Fischgeschmack mit ansprechender Optik. Zum Auffüllen der Hohlräume bieten sich Gelierflüssigkeiten auf der Basis von Weißwein an.

Lachspastete

Für den Teigmantel: *250 g Mehl • 125 g Butter • 3 Eier • Salz*
Für die Farce: *600 g Lachsfilet • 1 EL Weißwein • 2 altbackene Brötchen • 2 Eier • 3 EL Sahne • Salz • Zitronenpfeffer • 2 TL Sojasauce 200 g geräucherter Lachs • 2 TL rote Pfefferkörner* • Für die Form: *Öl*
Für das Weingelee: *2 Blatt weiße Gelatine • 1/2 Tasse Weißwein 1/2 Tasse Wasser • Salz • 1 Prise Zucker*

Lachs kommt als Farmlachs und Wildlachs auf den Markt. Der Wildlachs ist schlanker und fester im Fleisch und erheblich teurer als der Farmlachs.

1 Für den Teigmantel aus den Zutaten einen Mürbeteig gemäß Grundrezept Seite 26 zubereiten und kalt stellen. 2 Das Lachsfilet in Streifen schneiden und mit dem Wein beträufeln. Das Brötchen in Wasser einweichen und ausdrücken. Das marinierte Lachsfilet mit der Brotmasse zweimal durch die feinste Scheibe eines Fleischwolfs drehen. 3 Die Eier mit Sahne, Salz, Zitronenpfeffer und Sojasauce verquirlen. Zur Fischmasse geben und alles zu einer homogenen Farce vermengen. Die Farce würzig abschmecken. 4 Den geräucherten Lachs in kleine, gleichmäßige Streifen schneiden. Zusammen mit den Pfefferkörnern unter die Farce heben. 5 Den Backofen vorheizen auf 180 °C (Umluft 160 °C, Gas Stufe 2–3). Eine Pastetenform ausfetten. 6 Den Teig ausrollen, die Stücke für Form und Deckel zurechtschneiden und die Form mit dem Teig auslegen (siehe Seite 28). 7 Die Farce in die Form füllen, glatt streichen und mit dem Teigdeckel belegen. In den Deckel Dunstabzugslöcher stechen. 8 Die Form in einen Topf stellen und diesen bis zu etwa 4 Zentimeter unterhalb des Randes der Form mit Wasser füllen. Den Topf in den heißen

Backofen stellen und die Pastete etwa 90 Minuten garen. Eine Garprobe machen, dafür ein Holzstäbchen in die Pastete stechen: An dem Stab dürfen keine rohen Fischteilchen haften. Die Form herausnehmen, die Abdeckung entfernen und die Pastete in weiteren 10 bis 15 Minuten überbacken. Herausnehmen und abkühlen lassen.

Die Meerforelle wird wegen ihres Aussehens und Verhaltens von Laien oft mit dem Lachs verwechselt. Sie kann jedoch leicht an ihrem kürzeren Maul und einer stärkeren Zeichnung (Punkte) auf dem Rücken erkannt werden.

Tipp: Die Pastete kann in der Form warm serviert werden. Als Beilage eignet sich ein pikant gewürzter Nudelsalat. Soll die Pastete kalt gegessen werden, wird, falls erforderlich, der Hohlraum mit Weingelee ausgegossen (siehe Seite 27). Dafür die Gelatine in Wasser einweichen, Wein und Wasser erwärmen, würzen und die Gelatine darin auflösen. Zum vollständigen Durchkühlen die Pastete für etwa 24 Stunden in den Kühlschrank stellen. Vor dem Servieren die kalte Pastete auf ein Brett stürzen und mit einem scharfen Messer in etwa 1 Zentimeter dicke Scheiben schneiden. Die Scheiben auf einer Platte anrichten. Als Beilage für die kalte Variante eignet sich Salzgebäck.

Die Lachspastete kann anstatt in den Teigmantel auch in Räucherlachsscheiben eingewickelt werden. Dazu muss allerdings die Form vor dem Einlegen mit Alufolie ausgelegt werden.

Gemüsepasteten

Auch wenn die klassischen Pasteten Fleisch als wichtigste Zutat enthalten, gibt es immer mehr Rezepte mit Gemüse. Dies ist sicherlich auf die veränderten Ernährungsgewohnheiten der Menschen in den letzten Jahrzehnten zurückzuführen. Galten früher Fleisch und Speck als wichtige, energiereiche Nahrungsmittel, so achtet man in der heutigen Zeit eher darauf, die schlanke Linie zu halten.

Blumenkohlpastete

Für den Teigmantel: *1 Packung tiefgefrorener Blätterteig*
Für die Farce: *1 Kopf Blumenkohl • Salz • 250 g Kartoffeln*
3 Eier • 1 Tasse Sahne • Salz • Muskatnuss • 1 Prise Zucker
150 g geräucherter Lachs • 1 EL Pistazienkerne • Für die Form: *Öl*
Für die Gelierflüssigkeit: *2 Blatt weiße Gelatine • gekörnte Brühe*
1/8 l Blumenkohlwasser

Kartoffeln kommen bei Gemüsepasteten häufig zum Einsatz, da sie der Farce die notwendige Konsistenz verleihen. Außerdem wirken sie gut sättigend.

1 Den Blätterteig auftauen (siehe Seite 25). **2** Den Blumenkohl waschen, den Strunk entfernen und den Kopf in grobe Stücke schneiden. In einem Topf etwa 1 Tasse Salzwasser aufkochen und den Blumenkohl darin bissfest garen. Abgießen und dabei das Blumenkohlwasser auffangen; es wird später zum Anrühren der Gelatine benötigt. Die Kartoffeln waschen und separat in wenig Salzwasser garen. Abgießen, pellen und abkühlen lassen. **3** Blumenkohl und Kartoffeln in einem Mixer fein pürieren. Die Eier mit Sahne, Salz, Muskatnuss und Zucker verquirlen. Zum Püree geben und alles zu einer homogenen Farce vermengen. Abschmecken. **4** Den Lachs in Streifen schneiden und mit den Pistazienkernen unter die Farce heben. **5** Den Backofen vorheizen auf 150 °C (Umluft 130 °C, Gas Stufe 1). Eine Pastetenform ausfetten. **6** Den Blätterteig ausrollen, für den Deckel ein entsprechend großes Stück Teig zurücklegen und die Form mit dem Teig auslegen (siehe Seite 28). **7** Die Farce in die Form füllen, glatt streichen und mit dem Teigdeckel belegen. Dunstabzugslöcher anbringen (siehe

Seite 29). Die Form mit einem Deckel oder einer Alufolie verschließen. **8** Die Form in einen Topf stellen und diesen bis zu etwa 4 Zentimeter unterhalb des Randes der Form mit Wasser füllen. In den Backofen stellen und die Pastete etwa 40 Minuten garen. Eine Garprobe machen (siehe Seite 23). Herausnehmen und die Abdeckung entfernen. Backofen auf 180 °C (Umluft 160 °C, Gas Stufe 2–3) hochheizen und die Pastete 10 bis 15 Minuten überbacken.

Vor der Zubereitung sollte Blumenkohl für etwa eine halbe Stunde in Salzwasser gelegt werden, damit eventuell versteckte Raupen herausgetrieben werden.

Tipp: Die Pastete kann in der Form warm serviert werden. Soll die Pastete kalt angerichtet werden, wird, falls erforderlich, der Hohlraum zwischen Pastete und Teigdeckel mit Gelatine ausgefüllt (siehe Seite 27). Dafür die Gelatine in etwas kaltem Wasser einweichen. Die Brühe in dem Blumenkohlwasser auflösen, erhitzen und die ausgedrückte Gelatine darin auflösen. Die Gelierflüssigkeit auf die noch warme Pastete gießen. Nach dem Auskühlen die Pastete zum vollständigen Durchkühlen für etwa 24 Stunden in den Kühlschrank stellen. Vor dem Servieren die kalte Pastete auf ein Brett stürzen und in etwa 2 Zentimeter dicke Scheiben schneiden. Die Pastetenscheiben auf einer kalten Platte anrichten.

Blumenkohl ist ein typisches Sommer- und Herbstgemüse. In dieser Zeit wächst dieser Kohl auch bei uns im Freiland, erhält somit viel Sonne und ist deshalb bedeutend gesünder und schmackhafter.

Brokkolipastete

Für den Teigmantel: *250 g Mehl • 125 g Butter • 1 Ei • Salz*
Für die Farce: *500 g Brokkoli • 1 TL gekörnte Brühe*
1 altbackenes Brötchen • 3 Eier • 1 Becher Schmand • 1 TL Sojasauce
Salz • Pfeffer • 100 g Schinken oder Krabbenfleisch • Für die Form: *Öl*
Für die Gelierflüssigkeit: *2 Blatt weiße Gelatine • 1/8 l Brokkolibrühe*

1 Für den Teigmantel einen Mürbeteig gemäß Grundrezept Seite 26 zubereiten und kalt stellen. 2 Den Brokkoli waschen, putzen und klein schneiden. Etwa 2 Tassen Wasser mit der Brühe aufkochen. Den Brokkoli einlegen und etwa 10 Minuten darin garen. Abgießen, dabei die Brühe auffangen; sie wird für die Gelierflüssigkeit benötigt. 3 Das Brötchen in Wasser einweichen, ausdrücken und zusammen mit dem Brokkoli in einem Mixer pürieren. 4 Die Eier mit Schmand, Sojasauce, Salz und Pfeffer verquirlen. Zur Brokkolimasse geben und alles zu einer homogenen Farce vermengen. Abschmecken. 5 Den Schinken würfeln und mit dem Krabbenfleisch unter die Farce heben. 6 Backofen vorheizen auf 140 °C (Umluft 120 °C, Gas Stufe 1). Eine Form ausfetten. 7 Den Teig ausrollen, die Stücke für Form und Deckel zurechtschneiden und die Form mit dem Teig auslegen (siehe Seite 28). 8 Die Farce in die Form füllen, glatt streichen und mit dem Teigdeckel belegen. Dunstabzugslöcher anbringen (siehe Seite 29). Die Form mit einem Deckel oder einer Alufolie verschließen. 9 Die Pastete 40 Minuten backen. Eine Garprobe machen. Die Form herausnehmen und die Abdeckung entfernen. Den Backofen auf 180 °C (Umluft 160 °C, Gas Stufe 2–3) hochheizen und die Pastete in 10 bis 15 Minuten überbacken. Abkühlen lassen.

Brokkoli, der nahe Verwandte von Blumenkohl, wird aufgrund seines zarten Geschmackes vielfach auch als Spargelkohl bezeichnet. Hochwertige Qualität erkennt man an der frischen grünen Farbe.

Tipp: Die Pastete kann in der Form warm serviert werden. Soll sie kalt gegessen werden, wird, falls erforderlich, der Hohlraum zwischen Farce und Teigdeckel mit Gelierflüssigkeit ausgefüllt (siehe Seite 27). Zum Durchkühlen die Pastete für 24 Stunden in den Kühlschrank stellen. Vor dem Servieren auf ein Brett stürzen und in 2 Zentimeter dicke Scheiben schneiden. Auf einer kalten Platte anrichten.

Porreepastete

Für den Teigmantel: *250 g Mehl • 125 g Butter • 1 Ei • Salz*
Für die Farce: *250 g Kartoffeln • Salz • 120 g Schinkenspeck*
500 g Porree • 3 Zwiebeln • 5 EL Öl • 3 Eier • 3 EL Sahne
1 EL Sojasauce • 1 Messerspitze Pfeffer • 1 Messerspitze Muskat
Für die Form: *Öl* • Für die Gelierflüssigkeit: *2 Blatt weiße Gelatine*
Porreebrühe • 1/8 l Wasser

Porree, auch Lauch genannt, ist das ganze Jahr über verfügbar, in der Zeit von Oktober bis Dezember zudem besonders günstig. Die Qualität ist jedoch unabhängig von der Jahreszeit immer gleich gut.

1 Einen Mürbeteig gemäß Grundrezept Seite 26 zubereiten und kalt stellen. **2** Die Kartoffeln waschen und in wenig Salzwasser garen. Abgießen, pellen und abkühlen lassen. **3** Den Schinkenspeck fein würfeln. Den Porree waschen, putzen und in sehr feine Scheiben schneiden. Die Zwiebeln abziehen und fein hacken. Das Öl erhitzen und Speck, Porree und Zwiebeln darin dünsten. Die Mischung abtropfen lassen, dabei die Flüssigkeit auffangen; sie wird später zum Anrühren der Gelierflüssigkeit benötigt. **4** Die Kartoffeln pürieren. **5** Die Eier mit Sahne, Salz, Sojasauce, Pfeffer und Muskat verquirlen. Mit der Gemüsemischung zum Kartoffelpüree geben und alles zu einer homogenen Farce vermengen. Abschmecken. **6** Den Backofen vorheizen auf 150 °C (Umluft 130 °C, Gas Stufe 1). Eine Form ausfetten. **7** Den Teig ausrollen, die Stücke für Form und Deckel zurechtschneiden und die Form mit dem Teig auslegen (siehe Seite 28). **8** Die Farce in die Form füllen, glatt streichen und mit dem Teigdeckel bedecken. Dunstabzugslöcher anbringen (siehe Seite 29). Die Form mit einem Deckel oder Alufolie verschließen. **9** Die Pastete etwa 45 Minuten backen. Eine Garprobe machen (siehe Seite 23). Die Form herausnehmen und die Abdeckung entfernen. Die Temperatur im Backofen auf 180 °C (Umluft 160 °C, Gas Stufe 2–3) erhöhen und die Pastete 10 bis 15 Minuten überbacken. Abkühlen lassen.

Tipp: Die Pastete kann in der Form warm serviert werden. Dazu eignet sich als Getränk ein trockener Weißherbst. Soll die Pastete kalt gegessen werden, wird, falls erforderlich, der Hohlraum zwischen Pastete und Teigdeckel mit Gelierflüssigkeit ausgefüllt. Dafür die

Gelatine in wenig kaltem Wasser einweichen. Die Porreebrühe mit dem Wasser erhitzen. Die Gelatine ausdrücken, zufügen und in der heißen Flüssigkeit unter Rühren auflösen (siehe Seite 27). Zum vollständigen Durchkühlen die Pastete für etwa 24 Stunden in den Kühlschrank stellen. Vor dem Servieren die Pastete auf ein Brett stürzen und in 2 Zentimeter dicke Scheiben schneiden. Die Pastetenscheiben auf einer kalten Platte anrichten.

Zwiebel-Tomaten-Pastete mit Käse

Für den Teigmantel: *250 g Mehl • 125 g Butter • 1 Ei • Salz*
Für die Farce: *1 1/2 kg Tomaten • 4 große Gemüsezwiebeln • 4 Eier*
4 EL Sahne • Salz • Pfeffer • 200 g geraspelter Gouda • 150 g Paniermehl

1 Einen Mürbeteig gemäß Grundrezept Seite 26 zubereiten und kalt stellen. 2 In einem Topf 1 Liter Wasser aufkochen und die Tomaten darin blanchieren. Herausnehmen, häuten, vierteln und die Samen mit dem weichen Fruchtfleisch entfernen. Das feste Fruchtfleisch mit einem Pürierstab pürieren. Die Gemüsezwiebeln abziehen und fein hacken. 3 Die Eier mit Sahne, Salz und Pfeffer verquirlen. Mit den Zwiebelwürfeln zur Tomatenmasse geben und alles zu einer homogenen Farce vermengen. Abschmecken. 4 Den Backofen vorheizen auf 180 °C (Umluft 160 °C, Gas Stufe 2–3). Eine Form ausfetten. 5 Den Teig ausrollen, die Stücke für Form und Deckel zurechtschneiden und die Form mit dem Teig auslegen (siehe Seite 28). 6 Die Form schichtweise mit der Farce, dem Käse und dem Paniermehl ausfüllen. Die erste Schicht soll aus Farce, die letzte aus Käse bestehen. Die Form wird nicht abgedeckt, damit die gebildete Feuchtigkeit verdampfen kann. 7 Die Pastete im heißen Backofen etwa 90 Minuten backen. Eine Garprobe nehmen (siehe Seite 23). Abkühlen lassen.

Diese Pastete kann auch mit Gelatine übergossen werden. Dazu hebt man sich die herausgelösten weichen Teile der Tomaten auf, passiert sie durch ein Sieb und kocht sie auf. In der heißen Tomatenbrühe löst man die Gelatine auf und gießt sie über die abgekühlte Pastete.

Tipp: Die Pastete kann in der Form warm serviert werden. Soll sie kalt gegessen werden, muss sie für 24 Stunden in den Kühlschrank gestellt werden, um vollständig durchzukühlen. Die Pastete vor dem Servieren stürzen, in Scheiben schneiden und auf kalter Platte anrichten.

Variieren Sie die Dekoration der Schinkenterrine einmal mit roten Pfefferkörnern und Sonnenblumenkernen.

Rezepte für Terrinen

Auch hier sind die aufgelisteten Rezepte als Anregung gedacht, eigene Geschmacksvorlieben zu finden und nach Bedarf durch unterschiedliche Würzung abzuändern. Die Zubereitung bleibt dabei gleich.

Fleischterrinen

Je nach gewünschter Struktur der fertigen Terrine wird das Fleisch ein-, zwei- oder gar dreimal durch die feinste Scheibe eines Fleischwolfs gedreht. Das Zerkleinern in der Küchenmaschine dagegen ist nicht zu empfehlen, da das Fleisch dann eher zerdrückt und gummiartig wird.

Servieren Sie die Schinkenterrine auch als vollständige Mahlzeit mit frischem Schwarzbrot und Gewürzgurken.

Schinkenterrine

Für die Farce: *200 g roher Schinken • 200 g gekochter Schinken*
300 g Schweinefleisch • 1 altbackenes Brötchen • 1 Bund Petersilie
2 Bund Schnittlauch • 3 Eier • 4 EL Sahne • 3 EL Sojasauce
3 EL Madeira • 2 TL grüne Pfefferkörner
Für die Form: *Öl • 150 g dünne Scheiben gekochter Schinken*
Für die Gelierflüssigkeit: *2 Blatt weiße Gelatine • 1 Tasse Brühe*

1 Beide Schinkenarten sowie das Fleisch in Streifen schneiden. Das Brötchen in Wasser einweichen und später ausdrücken. **2** Die Petersilie und den Schnittlauch waschen und abtrocknen, die Petersilie fein hacken, den Schnittlauch in Röllchen schneiden. **3** Schinken, Fleisch und die Brotmasse zweimal durch die feinste Scheibe eines Fleischwolfs drehen. **4** Die Eier mit Sahne, Sojasauce und Madeira verquirlen. Zur Fleischmasse geben und alles zu einer homogenen Farce vermengen. Abschmecken. Den grünen Pfeffer, die Petersilie und den Schnittlauch unter die Farce heben. **5** Den Backofen vorheizen auf 180 °C (Umluft 160 °C, Gas Stufe 2–3). Eine Form ausfetten und mit Schinkenscheiben auslegen (siehe Seite 28); dabei etwas Schinken zum Belegen der Farce zurückbehalten. 6 Die Farce in die Form füllen, glatt streichen, mit dem restlichen gekochten Schinken belegen. Die Form mit einem Deckel oder einer Alufolie verschließen. 7 Die Form in einen Topf stellen und diesen bis etwa 4 Zentimeter unterhalb des Randes der Form mit Wasser füllen. Den Topf in den heißen Backofen stellen und die Terrine 90 Minuten garen. Eine Garprobe machen, dafür ein Holzstäbchen in die Terrine stechen: An dem Stab dürfen keine rohen Fleischteilchen haften. Die Form aus dem Wasserbad nehmen, den Deckel oder die Alufolie entfernen und die Terrine in weiteren 10 bis 15 Minuten überbacken. Die Form endgültig aus dem Backofen nehmen und die Terrine bei Zimmertemperatur abkühlen lassen.

Tipp: Um die Terrine mit einem Überzug zu versehen, die Gelatine in wenig Wasser einweichen. Die Brühe erwärmen und die ausgedrückte Gelatine darin auflösen (siehe Seite 27). Die Gelierflüssigkeit über die abgekühlte Terrine gießen. Die Terrine im Kühlschrank 24 Stunden vollständig durchkühlen lassen. Die Terrine auf ein Brett stürzen und mit einem scharfen Messer in etwa 1 Zentimeter dicke Scheiben schneiden. Die Scheiben auf einer kalten Platte anrichten.

Die Kalbsbratenterrine ist eine gute Möglichkeit, Reste vom Sonntagsbraten ansprechend zu verwerten.

Kalbsbratenterrine

Für die Farce: *500 g gebratenes Kalbfleisch • 1 altbackenes Brötchen*
1 Zwiebel • 3 EL Öl • 1 Bund Petersilie • 10 entsteinte Backpflaumen
1 EL Rotwein • 2 gekochte Salzkartoffeln • 3 Eier • 1 Tasse Sahne
1 EL Sojasauce • Salz • Pfeffer • 2 EL geriebener Parmesankäse
2 EL Sardellenpaste • Für die Form: *Öl • 3 EL Paniermehl*

1 Vom Kalbfleisch das Fett, die Knochen und hart gebratene Stellen abtrennen. Das zarte Bratenfleisch in Streifen schneiden. Das Brötchen in kaltem Wasser einweichen und später ausdrücken. Die Zwiebel abziehen und zerkleinern. Das Öl in einer Pfanne erhitzen und die

Zwiebelstücke darin hell anschwitzen. Etwas abkühlen lassen. **2** Die Petersilie waschen, abtrocknen und klein schneiden. Die Backpflaumen mit dem Rotwein übergießen. **3** Das Kalbfleisch mit den Kartoffeln, der Brotmasse und den Zwiebelstücken zweimal durch die feinste Scheibe eines Fleischwolfs drehen. **4** Die Eier trennen und das Eiweiß zu Eischnee steif schlagen. Das Eigelb mit Sahne, Sojasauce, Salz, Pfeffer, Parmesankäse und Sardellenpaste verquirlen. Die Eigelbmischung und die Petersilie zur Fleischmasse geben und alles zu einer homogenen Farce vermengen. Abschmecken. Den Eischnee unter die Farce heben. **5** Den Backofen vorheizen auf 150 °C (Umluft 130 °C, Gas Stufe 1). Eine Form ausfetten und mit dem Paniermehl gleichmäßig ausstreuen. **6** Die Hälfte der Farce einfüllen. Die Backpflaumen darauf legen und dabei darauf achten, dass die Pflaumen so angeordnet werden, dass beim Schneiden der Terrine ein gleichmäßiges Muster entsteht. Einige Pflaumen zum Garnieren zurücklegen. Die restliche Farce über die Pflaumen geben und glatt streichen. Die Form mit einem Deckel oder einer Alufolie verschließen. **7** Die Form in einen Topf stellen und diesen bis zu etwa 4 Zentimeter unter dem Rand der Form mit Wasser füllen. Den Topf in den heißen Backofen stellen und die Terrine 50 Minuten garen. Eine Garprobe machen, dafür ein Holzstäbchen in die Terrine stechen: An dem Stab dürfen keine rohen Fleischteilchen haften. Oder die Kerntemperatur messen, sie soll 68 °C betragen. Die Form aus dem Wasserbad nehmen und den Deckel oder die Alufolie entfernen. Die Temperatur im Backofen erhöhen auf 180 °C (Umluft 160 °C, Gas Stufe 2–3). Die Terrine wieder in den heißen Backofen stellen und in 10 bis 15 Minuten überbacken. Die Form endgültig aus dem Backofen nehmen und die Terrine bei Zimmertemperatur etwas abkühlen lassen.

Bei einem Kalb lagert sich das Fett zunächst in der Nierengegend ab, dadurch ist das Fleisch fettarm, leicht verdaulich und gut bekömmlich.

Tipp: Zum vollständigen Durchkühlen die Terrine für 24 Stunden in den Kühlschrank stellen. Vor dem Servieren die Terrine auf ein kaltes Brett stürzen und mit einem scharfen Messer in etwa 1 Zentimeter dicke Scheiben schneiden. Die Terrinenscheiben auf einer kalten Platte anrichten und mit den restlichen Rotweinpflaumen garnieren. Dazu passt ofenfrisches Stangenbrot.

Damwildterrine

Für die Farce: *500 g gebratenes Damwildfleisch ohne Sehnen*
1 altbackenes Brötchen • 2 Zwiebeln • 40 g Butter • 130 g Schinkenspeck
3 Eier • 1 Prise Zitronenpfeffer • 5 g Salz • 1 TL Sojasauce
1 EL Rotwein • 70 g geriebener Käse • Für die Form: *Öl*
Für die Gelierflüssigkeit: *2 Blatt weiße Gelatine • 1 Tasse Wildbrühe*

1 Das Fleisch in grobe Stücke schneiden. Das Brötchen in Wasser einweichen und später ausdrücken. 2 Die Zwiebeln abziehen und zerkleinern. Die Butter in einer Pfanne erhitzen und die Zwiebelstücke darin dünsten. Den Schinkenspeck in kleine Würfel schneiden. 3 Das Fleisch und die Brotmasse zweimal durch die feinste Scheibe eines Fleischwolfs drehen. 4 Die Eier mit Zitronenpfeffer, Salz, Sojasauce und Rotwein verquirlen. Mit den gedünsteten Zwiebelstücken, den Schinkenwürfeln und dem geriebenen Käse zur Fleischmasse geben und das Ganze zu einer homogenen Farce vermengen. Abschmecken. 5 Den Backofen vorheizen auf 180 °C (Umluft 160 °C, Gas Stufe 2–3). Eine Form ausfetten. 6 Die Farce in die Form füllen, glatt streichen und die Form mit einem Deckel oder einer Alufolie verschließen. 7 Die Form in einen Topf stellen und diesen bis zu etwa 4 Zentimeter unterhalb des Randes der Form mit Wasser füllen. Den Topf in den heißen Backofen stellen und die Terrine 50 Minuten garen. Eine Garprobe machen, dafür ein Holzstäbchen in die Terrine stechen: An dem Stab dürfen keine rohen Fleischteilchen haften. Die Form aus dem Wasserbad nehmen, den Deckel oder die Alufolie entfernen und die Terrine in weiteren 10 bis 15 Minuten überbacken. Die Form herausnehmen und die Terrine abkühlen lassen.

Tipp: Die Terrine kann warm in der Form serviert werden. Als Beilagen schmecken frischer Salat oder süßsauer eingelegtes Gemüse und ofenfrisches Brot. Als Getränke eignen sich Bier oder ein herzhafter Rotwein. Soll die Terrine kalt serviert werden, kann man sie noch mit Gelatine überziehen. Dazu die Gelatine in Wasser einweichen, die Brühe erhitzen und die ausgedrückte Gelatine darin auflösen (siehe Seite 27).

Das Fleisch von Damwild hat eine rötlich braune Farbe und einen feinen Geschmack. Es ähnelt dem Rehfleisch. Rotwildfleisch (Hirschfleisch) dagegen hat einen ausgeprägteren Wildgeschmack.

3/4 der Gelierflüssigkeit über die Terrine gießen. Den Rest in einem kleinen flachen Gefäß erstarren lassen. Zum vollständigen Durchkühlen die Terrine für etwa 24 Stunden in den Kühlschrank stellen. Vor dem Servieren die kalte Terrine auf ein Brett stürzen und mit einem scharfen Messer in etwa 1 Zentimeter dicke Scheiben schneiden. Die Scheiben auf einer kalten Platte anrichten. Die in dem flachen Gefäß erkaltete Gelierflüssigkeit in Würfel schneiden und die Terrinenscheiben damit garnieren.

Die heimische Jagdsaison von Hasen erstreckt sich von Oktober bis Januar. Während dieser Zeit sind die Hasen am kräftigsten und schmecken am besten.

Hasenterrine

Für die Farce: *150 g Hasenbraten (z. B. ein Reststück)*
300 g Hasenfleisch vom Rücken • 400 g Schweinefleisch mit etwas Fett
2 Zwiebeln • 10 g Butter • 10 g Salz • 1 Messerspitze Pfeffer
5 EL Wein • 1 Prise Thymian • Für die Form: *Öl • 150 g dünne Scheiben durchwachsener geräucherter Speck*
Für die Gelierflüssigkeit: *4 Blatt weiße Gelatine • 1/4 l braune Brühe (wenn vorhanden von den Hasenknochen)*

1 Den Hasenbraten in kleine Würfel schneiden und für die Einlage beiseite legen. Das Hasen- und Schweinefleisch in grobe Stücke schneiden. Die Zwiebeln abziehen und würfeln. Die Butter in einer Pfanne erhitzen, die Zwiebelwürfel darin dünsten und abkühlen lassen. **2** Das Hasen- und Schweinefleisch zweimal durch die feinste Scheibe eines Fleischwolfs drehen. Die Fleischmasse mit Salz, Pfeffer, Wein, Thymian und den Zwiebelwürfeln zu einer homogenen Farce vermengen. Abschmecken. **3** Den Backofen vorheizen auf 180 °C (Umluft 160 °C, Gas Stufe 2–3). Eine Form einfetten und mit Speckscheiben auslegen. Einige Speckscheiben zum Belegen der Farce übrig lassen. **4** Die Hälfte der Farce in die Form füllen und die Farce glatt streichen. Den gewürfelten Hasenbraten gleichmäßig auf der Farce verteilen. Die restliche Farce darüber geben, glatt streichen und mit den restlichen Speckscheiben belegen. Die Form mit einem Deckel oder einer Alufolie verschließen. **5** Die Form in einen Topf stellen und diesen bis zu etwa 4 Zentimeter unterhalb des Randes der Form mit Wasser füllen. Den Topf in den heißen Backofen stellen und die Terrine 90 Minuten garen. Eine Garprobe machen, dafür ein Holzstäbchen in die Terrine stechen: An dem Stab dürfen keine rohen Fleischteilchen haften. Die Form aus dem Wasserbad nehmen, den Deckel oder die Alufolie entfernen und die Terrine in weiteren 10 bis 15 Minuten überbacken. Die Form herausnehmen und die Terrine bei Zimmertemperatur abkühlen lassen.

Tipp: Die Terrine mit Gelierflüssigkeit überziehen. Dafür die Gelatine in Wasser einweichen. Die Brühe erwärmen und die ausgedrückte Gelatine darin auflösen (siehe Seite 27). Einen Teil der Gelierflüssigkeit über die Terrine gießen. Den Rest in einem flachen Gefäß erstarren lassen. Die Terrine zum vollständigen Durchkühlen für 24 Stunden in den Kühlschrank stellen. Vor dem Servieren die Terrine auf ein Brett stürzen, mit einem scharfen Messer in etwa 1 Zentimeter dicke Scheiben schneiden. Die Scheiben auf einer kalten Platte anrichten. Die erstarrte Brühe in kleine Würfel schneiden und zum Garnieren der Terrine benutzen. Salzgebäck oder Weißbrot dazu reichen.

Wildkaninchen sind kleiner als Hasen. Ihr Fleisch ist hellrot und unterscheidet sich im Geschmack deutlich vom Hasen. Anstelle von Wildkaninchen kann auch das Fleisch von Stallkaninchen verarbeitet werden.

Kaninchenterrine

Für die Farce: *1 bratfertiges Wildkaninchen (ca. 250g Fleisch) • 1/2 TL Salz*
1/4 TL Paprika • 6 EL Öl • 50 g Scheiben durchwachsener Speck
1 Bund Suppengemüse • 1 kleine Gemüsezwiebel • 100 g Champignons
250 g mageres Schweinefleisch • 250 g frischer Speck • 2 Eier
2 EL Sahne • 1 EL Sojasauce • 1/2 TL Salz • 1/2 TL Wildgewürz
1 Schnapsglas Weinbrand • 3 EL Pinienkerne • Für die Form: *Öl*
150 g dünne Scheiben durchwachsener geräucherter Speck
Für die Gelierflüssigkeit: *2 Blatt weiße Gelatine • 1 Tasse Bratensud*

1 Die Kaninchen waschen, abtrocknen, mit Salz und Paprika einreiben. In einem Bratentopf 4 Esslöffel Öl erhitzen und die Kaninchen und die Speckscheiben darin anbraten. Inzwischen das Suppengemüse putzen. Das Fleisch mit 1/4 Liter Wasser ablöschen, das Suppengemüse zufügen und alles zugedeckt bei schwacher Hitze 60 Minuten schmoren. **2** Die Zwiebel abziehen und zerkleinern. Die Champignons putzen und würfeln. Das restliche Öl in einer Pfanne erhitzen, beides darin andünsten und abkühlen lassen. **3** Die Kaninchen aus dem Topf herausnehmen, die vier Rückenstränge auslösen und abkühlen lassen. **4** Das Schweinefleisch und den frischen Speck in grobe Stücke schneiden. Zusammen mit drei Rückenstücken zweimal durch die feinste Scheibe eines Fleischwolfs drehen. **5** Die Eier mit Sahne, Sojasauce, Salz, Wildgewürz und Weinbrand verquirlen. Zur Fleischmasse geben und alles zu einer homogenen Farce vermengen. Abschmecken. Pilze, Zwiebeln und Pinienkerne unter die Farce heben. **6** Den Backofen vorheizen auf 180 °C (Umluft 160 °C, Gas Stufe 2–3). Eine Form ausfetten und mit Speckscheiben auslegen. Etwas Speck zum Abdecken zurückbehalten. **7** Die Hälfte der Farce in die Form füllen, glatt streichen und darauf den vierten Kaninchenrücken legen. Die restliche Farce darüber geben und glatt streichen. Die Farce mit dem restlichen Speck belegen und die Form mit einem Deckel oder einer Alufolie verschließen. **8** Die gefüllte Form in einen Topf stellen und diesen bis zu etwa 4 Zentimeter unterhalb des Randes der Form mit Wasser füllen. Den Topf in den heißen Backofen stellen und die Terrine etwa 90 Minuten garen. Eine Garprobe machen, dafür ein Holzstäbchen in die Terrine stechen: An dem Stab dürfen keine rohen Fleischteilchen haften. Die Form herausnehmen, die Abdeckung entfernen und die Terrine in weiteren 10 bis 15 Minuten überbacken. Die Terrine bei Zimmertemperatur abkühlen lassen.

Kaninchenterrinen bestehen aus einer zarten, mild schmeckenden Farce. Ihr Charakter kommt besonders zur Geltung, wenn diese Art von Terrinen in dekorativen Formen zubereitet und serviert wird.

Tipp: Die Terrine kann warm in der Form serviert werden. Als Beilagen schmecken frischer Salat oder ein Gratin. Soll sie kalt serviert werden, muss man sie für etwa 24 Stunden in den Kühlschrank stellen. Vor dem Servieren die Terrine stürzen, in etwa 1 Zentimeter dicke Scheiben schneiden und auf einer kalten Platte anrichten. Die Terrine kann auch in der Form mit Gelatine überzogen werden. Dazu die Gelatine in Wasser einweichen, den Bratensud erhitzen und die ausgedrückte Gelatine darin auflösen. 2/3 der Gelierflüssigkeit über die Terrine gießen. Den Rest in einem flachen Gefäß erstarren lassen, vor dem Servieren in Würfel schneiden und damit garnieren.

Frische Wacholderbeeren für die Wachtelterrine bekommen Sie am besten im Herbst auf dem Markt. Achten Sie auf eine schwarze Farbe; etwas schrumpelig dürfen sie gerne sein.

Geflügelterrinen

Terrinen aus Geflügelfleisch benötigen etwas Schweine- und/oder Kalbfleisch, um eine gute, nicht zu trockene Konsistenz erhalten zu können. Zudem wird dadurch der Geschmack abgerundet.

Wachteln sind kleiner als Rebhühner und haben ein erdfarbenes Federkleid. Da die im Handel zu erwerbenden Wachteln aus Züchtungen stammen, können sie das ganze Jahr über bezogen werden.

Wachtelterrine

Für die Farce: *6 Wachteln • 150 g Kalbfleisch • 100 g Schweinefleisch 8 Wacholderbeeren • 1/4 l Rotwein • Salz • 1 Prise Zucker 3 Lorbeerblätter • je 1/2 TL Senfkörner und Pfefferkörner • 1 altbackenes Brötchen • 100 g Austernpilze • 4 EL Öl • 3 Eier • 3 EL Sahne 2 EL Sojasauce • Zitronenpfeffer • je 1 Messerspitze Ingwer und Thymian*
Für die Form: *Öl • 150 g dünne Scheiben durchwachsener geräucherter Speck* • Für die Gelierflüssigkeit: *2 Blatt weiße Gelatine • 1 Tasse Beize*

1 Die Wachtelbrüste auslösen. Kalb- und Schweinefleisch in grobe Stücke schneiden. Alle Fleischarten in einer flachen Schale ausbreiten. Für den Sud die Wacholderbeeren andrücken und mit 1/4 Liter Wasser, Wein, Salz, Zucker, Lorbeerblättern, Senf- und Pfefferkörnern erwärmen. Den Sud abkühlen lassen. Den Sud über das Fleisch gießen und dieses etwa 48 Stunden an einem kühlen Ort marinieren lassen, dabei ab und zu wenden. **2** Das Brötchen in Wasser einweichen und später ausdrücken. **3** Die Austernpilze waschen, abtrocknen und würfeln. Das Öl erhitzen und die Pilze darin andünsten. Herausnehmen, abtropfen und abkühlen lassen. **4** Das Fleisch aus der Marinade nehmen und abtrocknen. Die Marinade nicht wegschütten. Das Fleisch mit der Brotmasse zweimal durch die feinste Scheibe eines Fleischwolfs drehen. **5** Die Eier mit Sahne, Sojasauce, Zitronenpfeffer, Ingwer und Thymian verquirlen. Zur Fleischmasse geben und alles zu einer homogenen Farce vermengen. Die Farce abschmecken, nach Bedarf mit etwas Beize nachwürzen. Die Pilze unter die Farce heben. **6** Den Backofen vorheizen auf 180 °C (Umluft 160 °C, Gas Stufe 2–3). Eine Form ausfetten und mit Speckscheiben auslegen. Etwas Speck zurückbehalten. **7** Die Farce einfüllen, mit dem restlichen Speck belegen und die Form mit einem Deckel oder Alufolie verschließen. **8** Die Form in einen Topf stellen und diesen bis etwa 4 Zentimeter unterhalb des Formrandes mit Wasser füllen. Den Topf in den heißen Backofen stellen und die Terrine etwa 90 Minuten garen. Eine Garprobe machen, dafür ein Holzstäbchen in die Terrine stechen: An dem Stab dürfen keine rohen Fleischteilchen haften. Oder mit einem Bratthermometer die Kerntemperatur messen, sie soll 68 °C betragen. Die Form herausnehmen, die Abdeckung entfernen und die Terrine im heißen Backofen 10 bis 15 Minuten überbacken. Herausnehmen und bei Zimmertemperatur abkühlen lassen.

Wachtelfleisch ist hell und besitzt ein feines Aroma. Beim Würzen der Pastete sollte man deshalb sehr zurückhaltend mit den Gewürzen umgehen.

Tipp: Die Terrine kann warm in der Form serviert werden. Soll die Terrine kalt angerichtet werden, wird sie mit Gelatine übergossen. Dazu aus Gelatine und Beize eine Gelierflüssigkeit zubereiten (siehe Seite 27) und über die Terrine gießen. Die Terrine zum vollständigen Durchkühlen für etwa 24 Stunden in den Kühlschrank stellen. Zum Anrichten die kalte Terrine auf ein Brett stürzen, in etwa 1 Zentimeter dicke Scheiben schneiden und auf einer kalten Platte anrichten. Dazu schmecken Cumberlandsauce und frisches Brot.

Fischterrinen

Wie bei anderen Fischgerichten auch, sollte man bei der Zubereitung von Pasteten und Terrinen darauf achten, dass das verwendete Ausgangsmaterial frei von Gräten ist.

Dorschterrine

Für die Farce: *500 g Dorschfilet • 100 g Schinken • 2 altbackene Brötchen • je 1 grüne und rote Paprikaschote • 1 Bund Petersilie • 3 Eier 1 EL Sojasauce • 3 EL Sahne • Salz • Pfeffer* • Für die Form: *Öl 150 g dünne Scheiben durchwachsener geräucherter Speck*
Für die Gelierflüssigkeit: *2 Blatt weiße Gelatine • 1 Tasse Brühe*

Als Dorsch werden nur die kleineren Fische aus der Nord- und Ostsee bezeichnet. Die größere Fische heißen Kabeljau. Beide sind beliebte Seefische mit wohlschmeckendem zarten, leicht zerfallenden Fleisch.

1 Das Dorschfilet unter fließendem kaltem Wasser kurz waschen und in Streifen schneiden. Den Schinken würfeln. Die Brötchen in Wasser einweichen und später ausdrücken. 2 Die Paprikaschoten waschen, putzen und das Fruchtfleisch würfeln. Die Petersilie waschen, abtrocknen und fein hacken. 3 Das Dorschfilet, den Schinken und die Brotmasse zweimal durch die feinste Scheibe eines Fleischwolfs drehen. 4 Die Eier mit Sojasauce, Sahne, Salz und Pfeffer verquirlen. Zur Fischmasse geben und alles zu einer homogenen Farce vermengen. Abschmecken. Paprikawürfel und Petersilie unter die Farce heben. 5 Den Backofen vorheizen auf 180 °C (Umluft 160 °C, Gas Stufe 2–3). Eine Form ausfetten und mit Speckscheiben auslegen. Etwas Speck zurückbehalten. 6 Die Farce in die Form füllen, glatt streichen und mit den restlichen Speckscheiben belegen. Die Form mit einem Deckel oder einer Alufolie verschließen. Die Form in einen Topf stellen und diesen bis auf etwa 4 Zentimeter unterhalb des Formrandes mit Wasser füllen. 7 Den Topf in den Backofen stellen und die Terrine etwa 90 Minuten garen. Eine Garprobe machen, dafür ein Holzstäbchen in die Terrine stechen: An dem Stab dürfen keine Fischteilchen haften. Herausnehmen, die Abdeckung entfernen und die Terrine in weiteren 10 bis 15 Minuten überbacken. Abkühlen lassen.

Tipp: Die Terrine kann warm in der Form serviert werden. Als Beilagen eignen sich Salate der Saison und frisches Weißbrot. Soll die Terrine kalt angerichtet werden, wird sie mit Gelatine überzogen. Dazu aus Gelatine und Brühe eine Gelierflüssigkeit herstellen (siehe Seite 27). Zum vollständigen Durchkühlen die Terrine etwa 24 Stunden in den Kühlschrank stellen. Vor dem Servieren die Terrine auf ein Brett stürzen und in etwa 1 Zentimeter dicke Scheiben schneiden. Die Terrinenscheiben auf einer kalten Platte anrichten.

Meist kommt die Regenbogenforelle in den Handel, etwa in Portionsgrößen von 200 bis 300 Gramm. Besonders wohlschmeckendes Fleisch hat jedoch die Bachforelle, die man aber fast nur über Angler beziehen kann.

Forellenterrine

Für die Farce: *200 g geräuchertes Forellenfilet* • *300 g frisches Forellenfilet* • *Saft von 1/2 Zitrone* • *1 altbackenes Brötchen* • *1 Bund Petersilie* *1 Bund Dill* • *2 Eier* • *1 TL Sojasauce* • *Salz* • *Pfeffer* • *200 g Crème fraîche* • Für die Form: *Öl* • *5 EL Paniermehl*

1 Das geräucherte Forellenfilet in kleine, gleichmäßige Streifen schneiden und für die Einlage beiseite stellen. **2** Das frische Forellenfilet in Stücke schneiden und mit dem Zitronensaft beträufeln. Das Brötchen in Wasser einweichen und später ausdrücken. **3** Die Petersilie und den Dill waschen, abtrocknen und fein hacken. **4** Das marinierte Forellenfilet und die Brotmasse zweimal durch die feinste Scheibe eines Fleischwolfs drehen. **5** Die Eier mit Sojasauce, Salz, Pfeffer und Crème fraîche verquirlen. Zur Fischmasse geben und alles zu einer homogenen Farce vermengen. Abschmecken. Die Petersilie, den Dill und die Fischstreifen unter die Farce heben. **6** Den Backofen vorheizen auf 180 °C (Umluft 160 °C, Gas Stufe 2–3). Eine Form ausfetten und mit Paniermehl gleichmäßig ausstreuen. Etwas Paniermehl zum Bestreuen der Farce zurückbehalten. **7** Die Farce in die Form füllen, glatt streichen und mit dem restlichen Paniermehl bestreuen. Die Form mit einem Deckel oder einer Alufolie verschließen. **8** Die Form in einen Topf stellen und diesen bis etwa 4 Zentimeter unterhalb des Randes der Form mit Wasser füllen. Den Topf in den heißen Backofen stellen und die Terrine etwa 90 Minuten garen. Eine Garprobe machen, dafür ein Holzstäbchen in die Terrine stechen: An dem Stab dürfen keine Fischteilchen haften. Die Form aus dem Wasserbad nehmen, den Deckel oder die Alufolie entfernen und die Terrine in weiteren 10 bis 15 Minuten überbacken. Die Form herausnehmen und die Terrine bei Zimmertemperatur abkühlen lassen.

Die Terrine kann warm in der Form serviert werden. Als Beilage eignet sich Kartoffelsalat. Soll die Terrine kalt gegessen werden, lässt man sie nach dem Auskühlen noch etwa 24 Stunden im Kühlschrank vollständig durchkühlen. Vor dem Servieren die kalte Terrine auf ein Brett stürzen und mit einem scharfen Messer in etwa 1 Zentimeter dicke Scheiben schneiden. Die Scheiben auf einer kalten Platte anrichten.

Kochfischterrine

Für die Farce: *700 g gekochter Fisch • 2 altbackene • Brötchen*
3 Eier • 2 EL Sahne • 1 TL Sojasauce • Salz • 1 TL Fischgewürz
2 TL geriebener Meerrettich • 3 EL Rosinen • Für die Form: *Öl*
150 g dünne Scheiben durchwachsener geräucherter Speck
Für die Gelierflüssigkeit: *2 Blatt weiße Gelatine • 1 Tasse Brühe*

Die Kochfischterrine eignet sich besonders zum Verwerten von Kochfischresten. Die Reste dürfen jedoch keine Gräten oder Hautpartikel enthalten.

1 Die Karpfenreste in Stücke teilen. Die Brötchen in Wasser einweichen und ausdrücken. Die Karpfenstücke zusammen mit der Brotmasse zweimal durch die feinste Scheibe eines Fleischwolfs drehen. 2 Die Eier mit Sahne, Sojasauce, Salz und Fischgewürz verquirlen. Zusammen mit dem Meerrettich und den Rosinen zur Fischmasse geben und alles zu einer homogenen Farce vermengen. Abschmecken. 3 Den Backofen vorheizen auf 180 °C (Umluft 160 °C, Gas Stufe 2–3). Eine Form ausfetten und mit Speckscheiben auslegen. Einige Speckscheiben zum Belegen der Farce zurückbehalten. 4 Die Farce in die Form füllen, glatt streichen und mit den restlichen Speckscheiben belegen. Die Form mit einem Deckel oder einer Alufolie verschließen. 5 Die Form in einen Topf stellen und diesen bis zu etwa 4 Zentimeter unterhalb des Randes der Form mit Wasser füllen. Den Topf in den heißen Backofen stellen und die Terrine etwa 40 Minuten garen. Eine Garprobe machen, dafür ein Holzstäb-

chen in die Terrine stechen: An dem Stab dürfen keine Teilchen haften. Oder mit einem Bratthermometer die Kerntemperatur messen, sie soll 68 °C betragen. Die Form aus dem Wasserbad nehmen, den Deckel oder die Alufolie entfernen und die Terrine in weiteren 10 bis 15 Minuten überbacken. Die Form herausnehmen und die Terrine bei Zimmertemperatur etwas abkühlen lassen.

Als Beilage eignet sich warmer Kartoffelsalat mit Speck oder frischer Salat der Saison und Fladenbrot.

Tipp: Die Terrine kann warm in der Form serviert werden. Als Beilage passen Zitronensauce und Salzkartoffeln dazu. Soll die Terrine kalt angerichtet werden, kann sie vollständig mit Gelatine überzogen werden (siehe Seite 27). Zum vollständigen Durchkühlen die Terrine etwa 24 Stunden in den Kühlschrank stellen. Vor dem Servieren die Terrine vorsichtig auf ein Brett stürzen und mit einem scharfen Messer in etwa 1 Zentimeter dicke Scheiben schneiden. Die Terrinenscheiben auf einer kalten Platte anrichten.

Als Gelatineüberzug der Fischterrine eignet sich am besten Weißweingelee. Dazu passt auch eine griechische Tsatsikisauce oder Sauerrahm mit frischen Kräutern sehr gut.

Krabbenterrine

Für die Farce: *250 g Seelachsfilet • 2 EL Weißwein • 2 altbackene Brötchen • 2 Bund Schnittlauch • 3 Eier • 200 g Crème fraîche • Salz Zitronenpfeffer • 250 g Krabbenfleisch*
Für die Form: *Öl • 5 EL Paniermehl*

1 Das Seelachsfilet in Streifen schneiden und mit dem Wein beträufeln. Die Brötchen in Wasser einweichen und später ausdrücken. 2 Den Schnittlauch waschen, abtrocknen und in Röllchen schneiden. 3 Das Seelachsfilet und die Brotmasse zweimal durch die feinste Scheibe eines Fleischwolfs drehen. 4 Die Eier mit Crème fraîche, Salz und Zitronenpfeffer verquirlen. Zur Fischmasse geben und alles zu einer homogenen Farce vermengen. Abschmecken. Den Schnittlauch und das Krabbenfleisch unter die Masse heben. 5 Den Backofen vorheizen auf 180 °C (Umluft 160 °C, Gas Stufe 2–3). Eine Form ausfetten und gleichmäßig mit etwas Paniermehl ausstreuen. 6 Die Farce in die Form füllen, glatt streichen und mit dem restlichen Paniermehl bestreuen. Die Form mit einem Deckel oder einer Alufolie verschließen. 7 Die Form in einen Topf stellen und den Topf bis etwa 4 Zentimeter unterhalb des Randes der Form mit Wasser füllen. Den Topf in den heißen Backofen stellen und die Terrine 45 Minuten garen. Eine Garprobe machen, dafür ein Holzstäbchen in die Terrine stechen: An dem Stab dürfen keine rohen Teilchen haften. Oder mit einem Bratthermometer die Kerntemperatur messen, sie soll 68 °C betragen. Die Form aus dem Wasserbad nehmen, den Deckel oder die Alufolie entfernen und die Terrine in weiteren 10 bis 15 Minuten überbacken. Herausnehmen, abkühlen lassen.

Tipp: Die Terrine kann warm in der Form serviert werden. Soll die Terrine kalt gegessen werden, lässt man sie nach dem Auskühlen noch etwa 24 Stunden im Kühlschrank vollständig durchkühlen. Vor dem Servieren auf ein Brett stürzen und in etwa 1 Zentimeter dicke Scheiben schneiden. Die Scheiben auf einer kalten Platte anrichten. Dazu schmeckt frisches, herzhaftes Schwarz- oder Graubrot.

Der Begriff Krabben ist eigentlich irreführend, da es sich bei den allgemein beliebten und sehr schmackhaften Nordseekrabben in Wirklichkeit um Garnelen handelt. Krabben selbst sind Meerestiere mit einem runden Körper.

Räucherfischterrine

Für die Farce: *500 g geräucherte Forelle • 1 Gemüsezwiebel*
2 Fleischtomaten • je 1 rote und grüne Paprikaschote • 4 EL Öl • 4 Eier
4 EL Sahne • 1 TL Sojasauce • Salz • Paprikagewürz • 120 g Paniermehl
Für die Form: *Öl • 150 g dünne Scheiben durchwachsener geräucherter Speck*

1 Die Forellen in einem Mixer pürieren. **2** Die Zwiebel abziehen und würfeln. Die Tomaten waschen und würfeln. Die Paprikaschoten waschen, putzen und würfeln. Das Öl erhitzen und Zwiebel-, Tomaten- und Paprikawürfel darin andünsten. **3** Die Eier mit Sahne, Sojasauce, Salz und Paprikagewürz verquirlen. Zusammen mit dem Paniermehl sowie den Zwiebel-, Tomaten- und Paprikawürfeln zur Fischmasse geben und alles zu einer homogenen Farce vermengen. Abschmecken. **4** Den Backofen vorheizen auf 150 °C (Umluft 130 °C, Gas Stufe 1). Eine Form ausfetten und mit einigen Speckscheiben auslegen. **5** Die Farce in die Form füllen, glatt streichen und mit dem restlichen Speck belegen. Die Form mit einem Deckel oder einer Alufolie verschließen. **6** Die Form in einen Topf stellen und diesen bis zu etwa 4 Zentimeter unterhalb des Formrandes mit Wasser füllen. Den Topf in den heißen Backofen stellen und die Terrine 40 Minuten garen. Eine Garprobe machen, dafür ein Holzstäbchen in die Terrine stechen: Am Stab dürfen keine Fischteilchen haften. Die Form herausnehmen und die Abdeckung entfernen. Den Backofen auf 180 °C (Umluft 160 °C, Gas Stufe 2–3) hochheizen und die Terrine darin 10 bis 15 Minuten überbacken. Abkühlen lassen.

Auch diese Terrine eignet sich vorzüglich zum Verwerten von Resten. Es können dazu alle Räucherfische, auch gemischt, verarbeitet werden. Die Reste dürfen jedoch keine Haut oder Gräten enthalten.

Tipp: Die Terrine kann warm in der Form serviert werden. Dazu schmeckt Bauernbrot. Soll sie kalt verzehrt werden, zum vollständigen Auskühlen für 24 Stunden in den Kühlschrank stellen. Vor dem Anrichten die Terrine auf ein Brett stürzen und in etwa 1 Zentimeter dicke Scheiben schneiden. Die Scheiben auf einer kalten Platte anrichten. Zu der kalten Räucherfischterrine schmecken Nudelsalat, Kartoffelsalat bzw. Bratkartoffeln.

Rotbarschterrine

Für die Farce: *500 g Rotbarschfilet • Zitronensaft • 50 g trockenes Weißbrot ohne Rinde • 1/4 l Milch • 1 Gemüsezwiebel • 60 g Butter 1 Bund Petersilie • 1 Bund Schnittlauch • 4 Eier • Salz • Pfeffer*
Für die Form: *Öl*

Rot- oder Goldbarsch wird wegen seiner hellroten Farbe so genannt. Sein festes fettreiches und sehr wohlschmeckendes Fleisch wird fast nur als Filet angeboten.

1 Das Rotbarschfilet in Streifen schneiden und mit dem Zitronensaft benetzen. Das Weißbrot in 2/3 der Milch einweichen. 2 Die Gemüsezwiebel abziehen und fein hacken. Die Butter in einer Pfanne erhitzen, die Zwiebelstücke darin dünsten. Abkühlen lassen und kalt stellen. 3 Die Petersilie und den Schnittlauch waschen und abtrocknen. Die Petersilie fein hacken, den Schnittlauch in Röllchen schneiden. 4 Das Fischfilet mit dem eingeweichten Weißbrot zweimal durch die feinste Scheibe eines Fleischwolfs drehen. 5 Die Eier mit der restlichen Milch, Salz und Pfeffer verquirlen. Zusammen mit den Zwiebeln zur Fischmasse geben und alles zu einer homogenen Farce vermengen. Abschmecken. Die Petersilie und den Schnittlauch unter die Masse heben. 6 Den Backofen vorheizen auf 160 °C (Umluft 140 °C, Gas Stufe 1–2). Eine Form ausfetten, die Farce hineingeben und glatt streichen. Die Form mit einem Deckel oder einer Alufolie verschließen. 7 Die Form in einen Topf stellen und diesen bis zu etwa 4 Zentimeter unterhalb des Randes der Form mit Wasser füllen. Den Topf in den heißen Backofen stellen und die Terrine etwa 90 Minuten garen. Eine Garprobe machen, dafür ein Holzstäbchen in die Terrine stechen: An dem Stab dürfen keine Fischteilchen haften. Oder mit einem Bratthermometer die Kerntemperatur messen, sie soll 68 °C betragen. Die Form aus dem Wasserbad nehmen und den Deckel oder die Alufolie entfernen. Den Backofen auf 180 °C (Umluft 160 °C, Gas Stufe 2–3) hochheizen und die Terrine darin 10 bis 15 Minuten überbacken. Herausnehmen und die Terrine abkühlen lassen.

Tipp: Die Rotbarschterrine kann warm in der Form serviert werden. Als Beilage eignet sich ein Salat aus frischen Tomaten, Gurken und Paprika oder einfaches frisches Stangenbrot und ein trockener Weißwein.

Seelachsterrine

Für die Farce: *500 g Seelachsfilet • 2 EL Weißwein • 2 altbackene Brötchen • 1/8 l Brühe • 2 rote Paprikaschoten • 1 Bund Schnittlauch 3 Eier • Salz • Paprikagewürz* • Für die Form: *Öl • 150 g dünne Scheiben durchwachsener geräucherter Speck*

1 Das Filet in Streifen schneiden und mit Wein beträufeln. **2** Brötchen in der Brühe einweichen und später ausdrücken. Die Paprikaschoten waschen, putzen und die Haut abziehen. **3** Den Schnittlauch waschen, abtrocknen und in Röllchen schneiden. **4** Die Fischstreifen aus dem Wein nehmen, abtropfen lassen und zusammen mit der Brotmasse und der Paprika zweimal durch die feinste Scheibe eines Fleischwolfs drehen. **5** Die Eier mit Salz und Paprikagewürz verquirlen. Zur Fischmasse geben und alles zu einer homogenen Farce vermengen. Abschmecken. Den Schnittlauch untermischen. **6** Den Backofen vorheizen auf 150 °C (Umluft 130 °C, Gas Stufe 1). Eine Form ausfetten und mit einigen Speckscheiben auslegen. **7** Die Farce in die Form füllen, glatt streichen und mit dem restlichen Speck belegen. Die Form mit einem Deckel oder Alufolie verschließen. **8** Die Terrine in einen Topf stellen und den Topf bis zu etwa 4 Zentimeter unterhalb des Formrandes mit Wasser füllen. Den Topf in den heißen Backofen stellen und die Terrine 75 Minuten garen. Eine Garprobe machen, dafür ein Holzstäbchen in die Terrine stechen: An dem Stab dürfen keine Fischteilchen haften. Oder mit einem Bratthermometer die Kerntemperatur messen, sie soll 68 °C betragen. Herausnehmen und Abdeckung entfernen. Den Backofen auf 180 °C (Umluft 160 °C, Gas Stufe 2–3) hochheizen und die Terrine darin 10 bis 15 Minuten überbacken. Abkühlen lassen.

Seelachs wird wegen seines schwarzen Rückens in manchen Gegenden auch Köhler genannt. Er hat festes, fettreiches Fleisch, das gewöhnlich zu Filets verarbeitet wird.

Tipp: Die Terrine kann warm in der Form serviert werden. Soll sie kalt gegessen werden, vorher etwa 24 Stunden im Kühlschrank vollständig auskühlen lassen. Vor dem Servieren die Terrine auf ein Brett stürzen und in etwa 1 Zentimeter dicke Scheiben schneiden. Diese auf einer kalten Platte anrichten.

Seezungenterrine

Für die Farce: *300 g Seezungenfilet • 1 kleine Zwiebel • 6 EL Öl 200 g Seelachsfilet • Saft von 1/2 Zitrone • 200 g trockenes Weißbrot ohne Rinde • 500 g Spinat • Salz • 4 Eier • 4 EL Milch • Zitronenpfeffer*
Für die Form: *Öl • 6 EL Paniermehl*

Die Seezunge ist der edelste und teuerste Plattfisch. Das Fleisch ist weiß, fest, feinfaserig und hat ein zartes, feines Aroma. Beim Würzen sollte man besonders zurückhaltend vorgehen.

1 Von dem Seezungenfilet 200 Gramm in kleine, gleichmäßige Streifen schneiden. Die Zwiebel abziehen und fein hacken. Das Öl in einer Pfanne erhitzen und beides darin andünsten. Abkühlen lassen. 2 Das restliche Seezungenfilet und das Seelachsfilet in Streifen schneiden und mit Zitronensaft beträufeln. Das Weißbrot in Wasser einweichen und später ausdrücken. 3 Den Spinat waschen und abtropfen lassen. In einem Topf mit etwas Wasser und Salz 5 Minuten dünsten, herausheben und in einem Sieb abtropfen lassen. 4 Das mit Zitronensaft beträufelte Seezungenfilet, das Seelachsfilet und die Brotmasse zweimal durch die feinste Scheibe eines Fleischwolfs drehen. 5 Die Eier mit Milch, Salz und Zitronenpfeffer verquirlen. Zur Fischmasse geben und alles zu einer homogenen Farce vermengen. Abschmecken. Die gedünsteten Zwiebelstücke und Seezungenstreifen unter die Farce heben. 6 Den Backofen vorheizen auf 150 °C (Umluft 130 °C, Gas Stufe 1). Eine Form ausfetten und mit Paniermehl ausstreuen. Etwas Paniermehl zurückbehalten. 7 Die Hälfte der Fischmasse in die Form füllen und glatt streichen. Den Spinat auf der Farce verteilen. Die restliche Farce auf den Spinat geben und glatt streichen. Auf die Oberfläche das restliche Paniermehl streuen. Die Form mit einem Deckel oder einer Alufolie verschließen. 8 Die Form in einen Topf stellen und diesen bis zu etwa 4 Zentimeter unterhalb des Randes der Terrine mit Wasser füllen. Den Topf in den heißen Backofen stellen und die Terrine 80 Minuten garen. Eine Garprobe machen, dafür ein Holzstäbchen in die Terrine stechen: An dem Stab dürfen keine rohen Fischteilchen haften. Die Form herausnehmen und die Abdeckung entfernen. Den Backofen auf 180 °C (Umluft 160 °C, Gas Stufe 2–3) hochheizen und die Terrine 10 bis 15 Minuten überbacken. Die Form herausnehmen und die Terrine abkühlen lassen.

Tipp: Die Terrine kann warm in der Form serviert werden. Dazu ofenfrisches helles Brot und ein süßes Chutney reichen. Soll die Terrine kalt gegessen werden, lässt man sie in der Form abkühlen und stellt sie dann für etwa 24 Stunden in den Kühlschrank. Vor dem Servieren auf ein Brett stürzen, mit einem scharfen Messer in etwa 1 Zentimeter dicke Scheiben schneiden und diese auf einer kalten Platte anrichten. Als Beilagen eignen sich körniger Naturreis und eingelegter Kürbis.

Gemüseterrinen

Pasteten und Terrinen sind ideal für größere Feste, da man sie gut vorbereiten kann und am Festtag lediglich anschneiden muss.

Bei Terrinen, die in Speck eingehüllt sind, sollten Vegetarier diese vor dem Verzehr entfernen. Der Speck dient nicht nur zur Geschmacksgebung, sondern schützt vor Austrocknung und hält die Farce in Form.

Erbsen-Möhren-Terrine

Für die Farce: *1 TL gekörnte Brühe • 3 Tassen Reis • 2–3 Möhren Salz • Zucker • 3 Tassen frisch gepalte Erbsen • 150 g gekochter Schinken 2 Bund Petersilie • 3 Eier • 1 Tasse Sahne* • Für die Form: *Öl 150 g dünne Scheiben durchwachsener geräucherter Speck • 1 EL Butter*
Für die Gelierflüssigkeit: *2 Blatt weiße Gelatine • 1/4 l Gemüsebrühe*

1 3 Tassen Wasser mit der Brühe in einem Topf aufkochen und den Reis darin 10 Minuten ziehen lassen. Den Reis in ein Sieb geben, mit kaltem Wasser übersprühen und abkühlen lassen. **2** Die Möhren waschen, putzen und fein würfeln. In einem Topf 1/4 Liter Wasser mit Salz und 2 Prisen Zucker würzen und aufkochen. Möhren und Erbsen einlegen und bei schwacher Hitze darin 10 Minuten garen. In ein Sieb abgießen und abkühlen lassen, dabei die Gemüsebrühe auffangen; sie wird zum Anrühren der Gelatine benötigt. **3** Den Schinken in kleine Würfel schneiden. Die Petersilie waschen, abtrocknen und fein hacken. **4** Die Eier mit der Sahne verquirlen. Zusammen mit dem Gemüse zum Reis geben und alles zu einer homogenen Farce vermengen. Abschmecken. Die Schinkenwürfel und die Petersilie unter die Farce heben. 5 Den Backofen vorheizen auf 180 °C (Umluft 160 °C, Gas Stufe 2–3). Eine Form ausfetten und mit den Speckscheiben auslegen. Einige Speckscheiben zum Belegen der Farce zurückbehalten. 6 Die Farce in die Form füllen, glatt streichen, mit Butterflöckchen belegen und mit dem restlichen Speck abdecken. Die Form mit einem Deckel oder einer Alufolie verschließen. 7 Die Form in einen Topf stellen und diesen bis zu etwa 4 Zentimeter unterhalb des Randes der Form mit Wasser füllen. 8 Den Topf in den heißen Backofen stellen und die Terrine etwa 40 Minuten garen. Die Form aus dem Wasserbad nehmen, die Abdeckung entfernen und die Terrine in weiteren 10 bis 15 Minuten überbacken. Die Form herausnehmen und die Terrine abkühlen lassen.

Auf dem Markt werden Palerbsen, Markerbsen und Zuckererbsen angeboten. Für die Terrine eignen sich die jungen Pal- oder Markerbsen am besten. Auch bei den Möhren sollte man nur junge und frische verarbeiten.

Tipp: Aus der Gelatine und der aufgefangenen Gemüsebrühe eine Gelierflüssigkeit herstellen (siehe Seite 27) und über die Terrine gießen. Für etwa 24 Stunden in den Kühlschrank stellen. Vor dem Servieren die Terrine stürzen, in etwa 2 Zentimeter dicke Scheiben schneiden und auf einer kalten Platte anrichten.

Nur während der Sommermonate sind Erbsen aus einheimischem Freilandanbau auf dem Markt erhältlich. Die Saison der Möhren ist dagegen länger: Sie sind auch noch im Herbst frisch zu bekommen.

Tomaten-Paprika-Terrine

Für die Farce: *1/2 TL gekörnte Brühe • 1 Tasse Reis • 2 große Gemüsezwiebeln • 3 rote Paprikaschoten • 500 g Fleischtomaten • 6 EL Öl 2 Bund Schnittlauch • 150 g Gouda • Salz • Paprikagewürz • Pfeffer 1 EL Sojasauce • 2 EL dunkle Oliven ohne Kern* • Für die Form: *Öl 150 g dünne Scheiben durchwachsener geräucherter Speck*
Für die Gelierflüssigkeit: *2 Blatt weiße Gelatine*

Gemüsezwiebeln haben gewöhnlich eine helle oder rote Haut. Sie sind mittelgroß bis groß und schmecken wesentlich milder als beispielsweise die kleinen festen Schalotten.

1 In einem Topf 1 Tasse Wasser mit der Brühe aufkochen, den Reis zufügen und im geschlossenen Topf 10 Minuten quellen lassen. Den Reis in einem Haarsieb mit kaltem Wasser abspülen und abtropfen lassen. 2 Die Zwiebeln abziehen und zerkleinern. Die Paprikaschoten waschen, putzen, schälen und das Fruchtfleisch in Streifen schneiden. Die Tomaten waschen, Stielansätze entfernen und das Fruchtfleisch würfeln. Das Öl erhitzen und Zwiebeln, Tomaten und Paprika darin dünsten. In einem Sieb abtropfen lassen und dabei die entstandene Flüssigkeit auffangen. 3 Den Schnittlauch waschen, abtrocknen und in Röllchen schneiden. Den Gouda würfeln. 4 Das Gemüse pürieren und mit Salz, Paprikagewürz, Pfeffer und Sojasauce zu einer Farce vermengen. Abschmecken. Reis, Käse, Schnittlauch und Oliven unter die Farce heben. 5 Den Backofen vorheizen auf 160 °C (Umluft 140 °C, Gas Stufe 1–2). Eine Form ausfetten und mit Speckscheiben auslegen. Etwas Speck zurückbehalten. 6 Die Farce in die Form füllen, glatt streichen und mit den restlichen Speckscheiben belegen. Die Form mit einem Deckel oder Alufolie verschließen. 7 Die Form in einen Topf stellen und diesen bis zu etwa 4 Zentimeter unterhalb des Randes der Form mit Wasser füllen. In den Backofen stellen und die Terrine etwa 40 Minuten garen. Herausnehmen und die Abdeckung entfernen. Backofen auf 180 °C (Umluft 160 °C, Gas Stufe 2–3) aufheizen und die Terrine 10 bis 15 Minuten überbacken. Abkühlen lassen.

Tipp: Die aufgefangene Gemüsebrühe erwärmen und darin die Gelatine auflösen (siehe Seite 27). Die Gelierflüssigkeit über die Terrine gießen. Die Terrine etwa 24 Stunden in den Kühlschrank stellen. Vor

Die besten Jahreszeiten für die Tomaten-Paprika-Terrine sind der Sommer und der Herbst, wenn es an reichem Angebot dieser wohlschmeckenden Gemüse nicht fehlt. Tomaten und Paprika sind dann preiswerter, gesünder und schmecken aromatischer.

dem Servieren die Terrine auf ein Brett stürzen und mit einem scharfen Messer in etwa 2 Zentimeter dicke Scheiben schneiden. Die Scheiben auf einer kalten Platte anrichten.

Kartoffel-Möhren-Terrine

Für die Farce: *750 g Kartoffeln • Salz • 1 Becher Sahne*
200 g junge Möhren • 1 Gemüsezwiebel • 3 EL Öl • 2 Eier • Salz
Pfeffer • 1 EL geraspelter Parmesankäse • 2 EL Butter

1 Die Kartoffeln waschen und mit der Schale in wenig Salzwasser garen. Die Kartoffeln abgießen und pellen. Mit 3/4 Becher Sahne pürieren. 2 In der Zwischenzeit die Möhren waschen, abtrocknen und reiben. Die Zwiebel abziehen und zerkleinern. Das Öl erhitzen und die Zwiebelstücke darin dünsten. 3 Die Eier mit Salz, Pfeffer, der restlichen Sahne und dem Käse verquirlen. Zusammen mit den Möhrenreibseln und den Zwiebelstücken zum Kartoffelpüree geben und alles zu einer homogenen Farce vermengen. Abschmecken. 4 Den

Kartoffeln sind ein wichtiger Bestandteil von Gemüseterrinen, da sie Volumen und Festigkeit der Farce unterstützen.

Backofen vorheizen auf 180 °C (Umluft 160 °C, Gas Stufe 2–3). Eine Form mit etwas Butter ausfetten. **5** Die Farce in die Form füllen, glatt streichen und mit Butterflocken belegen. Die Form mit einem Deckel oder einer Alufolie verschließen. **6** Die Form in einen Topf stellen und diesen bis zu etwa 4 Zentimeter unterhalb des Randes der Form mit Wasser füllen. Den Topf in den heißen Backofen stellen und die Terrine etwa 40 Minuten garen. Herausnehmen, die Abdeckung entfernen und die Terrine in weiteren 10 bis 15 Minuten überbacken. Abkühlen lassen. Die Terrine kann warm in der Form serviert werden. Als Beilage eignet sich ein herzhaftes Gulasch.

Kartoffel-Schinken-Terrine

Die Kartoffel-Schinken-Terrine eignet sich sehr gut zum Verwerten von Resten. Neben den Kartoffeln kann man auch verschiedene gegarte Fleischreste oder sogar Wurststücke verarbeiten.

Für die Farce: *800 g Kartoffeln* • *Salz* • *250 g Schinken* • *4 mittlere Gewürzgurken* • *2 Eier* • *1 Tasse Milch* • *1/2 TL Senf* • *1 Bund Petersilie* *1 Bund Schnittlauch* • Für die Form: *Öl*

1 Die Kartoffeln waschen, schälen und in wenig Salzwasser garen. Abgießen und abkühlen lassen. **2** Den Schinken und die Gewürzgurken klein würfeln. Die Petersilie und den Schnittlauch waschen, die Petersilie fein hacken, den Schnittlauch in Röllchen schneiden. **3** Die Kartoffeln sehr fein pürieren. **4** Die Eier mit der Milch und dem Senf verquirlen. Zum Kartoffelmus geben und alles zu einer feinen Farce verrühren. Die Schinken- und Gurkenwürfel sowie die Petersilie und den Schnittlauch unter die Farce ziehen. Die Farce würzig abschmecken. **5** Den Backofen vorheizen auf 150 °C (Umluft 130 °C, Gas Stufe 1). Eine Form ausfetten. **6** Die Masse in die Form füllen, die Oberfläche glatt streichen und die Form mit einem Deckel oder einer Alufolie verschließen. Die Terrine im heißen Backofen 45 Minuten backen. **7** Herausnehmen und den Deckel oder die Alufolie entfernen. Die Temperatur im Backofen auf 180 °C (Umluft 160 °C, Gas Stufe 2–3) erhöhen und die Terrine darin 10 bis 15 Minuten überbacken. **8** Die Form endgültig aus dem Backofen nehmen, die Terrine bei Zimmertemperatur leicht abkühlen lassen und warm in der Form servieren.

Pilzterrine

Für die Farce: *700 g gemischte Pilze • Salz • 2 altbackene Brötchen 1 Gemüsezwiebel • 4 EL Öl • 2 Bund Petersilie • 100 g Trüffel • 3 Eier 3 EL Sahne • Salz • Pfeffer • je 1 Messerspitze Basilikum, Thymian, Kümmel und Ingwer* • Für die Form: *Öl • 150 g dünne Scheiben durchwachsener geräucherter Speck*

Für die Gelierflüssigkeit: *2 Blatt weiße Gelatine • 1 Tasse Pilzewasser*

1 Die Pilze nach Bedarf waschen, putzen und grob zerteilen. In einem Topf 1 Tasse Wasser mit Salz aufkochen und die Pilze darin 8 bis 10 Minuten ziehen lassen. Die Pilze in einem Sieb abtropfen lassen und das Pilzewasser auffangen. 2 Die Brötchen in Wasser einweichen und später ausdrücken. 3 Die Zwiebeln abziehen und zerkleinern. Das Öl erhitzen und die Zwiebelstücke darin dünsten. 4 Die Petersilie waschen, abtrocknen und fein hacken. Die Trüffel putzen und würfeln. 5 Die Pilze und die Brotmasse pürieren. 6 Die Eier mit Sahne, Salz, Pfeffer, Basilikum, Thymian, Kümmel und Ingwer verquirlen. Zusammen mit den Zwiebelstücken, der Petersilie und den Trüffeln zum Pilzpüree geben und alles zu einer homogenen Farce vermengen. Abschmecken. 7 Den Backofen vorheizen auf 160 °C (Umluft 140 °C, Gas Stufe 1–2). Eine Form ausfetten und mit einigen Speckscheiben auslegen. 8 Die Farce in die Form füllen, glatt streichen und mit den restlichen Speckscheiben belegen. Die Form mit einem Deckel oder einer Alufolie verschließen. 9 Die Form in einen Topf stellen und diesen bis zu etwa 4 Zentimeter unterhalb des Randes der Form mit Wasser füllen. Den Topf in den heißen Backofen stellen und die Terrine etwa 40 Minuten garen. Herausnehmen, die Abdeckung entfernen und die Terrine abkühlen lassen.

Tipp: Aus der Gelatine und dem Pilzkochwasser eine Gelierbrühe zubereiten (siehe Seite 27) und über die Terrine gießen. Die Terrine bei Zimmertemperatur abkühlen und 24 Stunden in den Kühlschrank stellen. Vor dem Servieren die Terrine stürzen, in etwa 2 Zentimeter dicke Scheiben schneiden und auf einer kalten Platte anrichten.

Werden getrocknete Pilze verarbeitet, müssen sie in Wasser eingeweicht werden, damit sie sich vollsaugen können. Geschieht das nicht, bleiben die Pilze hart.

In Frankreich und Italien werden diese Pastetchen »Vol-au-Vent« genannt; wahrscheinlich weil sie so leicht sind, dass der Wind sie wegtragen könnte.

Blätterteiggebäck und Ragouts

Aus Blätterteig lassen sich feine kleine Gebäckstücke herstellen, die sich entweder zum Füllen eignen oder als Beigabe zu herzhaften Ragouts gereicht werden können. Im Unterschied zu den weiter vorne im Buch beschriebenen Pasteten handelt es sich hier also um kleine Stücke, die separat gebacken werden. Als Ausgangsmaterial dient auch hier fertig zu kaufender tiefgekühlter Blätterteig. Die im Folgenden beschriebenen Ragouts können sowohl zum Füllen von Pastetchen, als auch als Beilage zu Fleurons verwendet werden.

Pastetchen und Fleurons

Zart, fein und unendlich blättrig sind die Attribute, die auf wirklich frische Gebäckstücke passen. Damit der Blätterteig beim Backen gut aufgeht, darf er beim Schneiden nicht gequetscht werden.

Sie sind zwei klassische Gebäcke der französischen Küche. Ihre zarte, blättrige Struktur verlangt nach einem schnellen Verzehr, weshalb das Gebäck möglichst frisch sein sollte. Pastetchen im fertigen Zustand bestehen aus einem Boden mit Rand und dazu passendem Deckel. Aufgrund ihrer kleinen Größe ist die Backzeit der Deckel geringer. Pastetchen lassen sich dann mit feinen Ragouts füllen. Fleurons sind kleine Gebäckstücke meist in Halbmond- oder auch Dreiecksform, die zu Ragouts separat gereicht werden.

Pastetchen

Als Ausgangsmaterial dient tiefgefrorener Blätterteig. Es gibt ihn in Packungen zu 450–500 Gramm zu kaufen • Eier zum Bestreichen

1 Den Blätterteig in der erforderlichen Menge nebeneinander legen und bei Zimmertemperatur auftauen lassen, das dauert etwa 20 Minuten. 2 Eine Arbeitsplatte einmehlen und einen Teil des Teiges darauf

in Längs- und Querrichtung auf eine Stärke von etwa 8 bis 10 Millimeter ausrollen. Mit einem Ausstecher Scheiben von etwa 5 Zentimeter Durchmesser ausstechen. Mit einem anderen Ausstecher von 3 Zentimeter Durchmesser jeweils einen Teigkreis aus dem Innenraum entfernen. 3 Die Ringe (die späteren Ränder) umgedreht auf eine Platte legen und in den Kühlschrank stellen. 4 Den restlichen Blätterteig auf eine Stärke von etwa 2 Millimeter ausrollen und für den Boden Stücke von 5 Zentimeter Durchmesser ausstechen. Mit einem gewellten Ausstecher von 3,5 Zentimeter Durchmesser Deckelstücke ausstechen. 5 Zwei Backbleche mit kaltem Wasser benetzen. Auf ein Backblech die Bodenstücke legen und mit Ei bestreichen. Die Ringe passgenau aufsetzen und ebenfalls mit Ei bestreichen. Auf das zweite Backblech die Deckel setzen und mit Ei bestreichen. 6 Alle Teile eine Zeit lang im Kühlschrank ruhen lassen. 7 Den Backofen vorheizen auf 200 °C (Umluft 180 °C, Gas Stufe 3–4). 8 Die Formen und Deckel getrennt voneinander backen: Die Pastetchenformen 20 bis 25 Minuten, die Deckel etwa 15 Minuten backen.

Wer sich die Mühe des Herstellens ersparen will, kann die Pastetchen fertig beim Bäcker oder im Supermarkt kaufen. Sie brauchen vor dem Füllen nur noch erwärmt zu werden.

Fleurons

Tiefgefrorener Blätterteig oder Blätterteigreste • Eier zum Bestreichen der Oberfläche

1 Den Blätterteig in der erforderlichen Menge nebeneinander legen und bei Zimmertemperatur auftauen lassen. Oder Blätterteigreste verwenden. 2 Den Teig auf einer leicht bemehlten Arbeitsfläche auf eine Stärke von etwa 3 Millimeter ausrollen. Mit einem gewellten Ausstecher oder einem scharfen Messer Halbmonde ausstechen oder ausschneiden. 3 Ein Backblech mit kaltem Wasser benetzen und die Teigstücke auflegen. Die Halbmonde nur auf der Oberfläche mit Ei bestreichen, dabei die Kanten auslassen. Die Teigstücke längere Zeit im Kühlschrank ruhen lassen. 4 Den Backofen vorheizen auf 180 °C (Umluft 160 °C, Gas Stufe 2–3). 5 Das Backblech in den Backofen schieben und die Fleurons darin etwa 15 Minuten backen. 6 Die Fleurons herausnehmen und warm mit Ragout servieren.

Ragouts

Die folgenden Zubereitungen eignen sich zum Füllen von Pastetchen ebenso wie als Beilage zu Fleurons. Auch hier gilt, die Würzung dem jeweiligen persönlichen Geschmack anzupassen.

Für Ragouts wird, ähnlich wie beim Gulasch, vielfach Fleisch von minderer Qualität verarbeitet. Zum Füllen von Pastetchen oder als Beigabe zu Fleurons sollten Sie jedoch nur hochwertige Zutaten verwenden.

Hühnerfrikassee

Zutaten für 4 bis 6 Personen

1 Bund Suppengrün • 1 Suppenhuhn • Salz • 1 TL gekörnte Brühe
120 g Spargel (oder Dosenware ohne Flüssigkeit) • 120 g frische Champignons • 50 g Mehl • 1 Zitrone • 2 Eier • 1 Prise Zucker • 1 EL Sojasauce
Außerdem: *Pastetchen*

1 Das Suppengrün putzen und waschen. **2** Das Suppenhuhn unter fließendem kaltem Wasser waschen. Mit Salz, Brühe, Suppengrün und 1 Liter Wasser aufkochen und bei mittlerer Hitze garen. **3** Den Spargel schälen und in 5 Zentimeter lange Stücke schneiden. 1 Tasse gesalzenes Wasser aufkochen und die Spargelstücke 10 Minuten darin garen. Die Champignons putzen und klein schneiden. 1 Tasse gesalzenes Wasser aufkochen und die Pilze darin 10 Minuten garen. Spargel und Champignons in einem Sieb abtropfen lassen. **4** Das Huhn aus der Brühe nehmen, abtropfen lassen und das Fleisch ohne Fett, Haut, Knorpel und Sehnen von den Knochen trennen. Das Fleisch in etwa 1 Zentimeter große Würfel schneiden, in einen Topf geben und mit 1/2 Liter der Hühnerbrühe auffüllen. **5** Die Spargel- und Champignonstücke zum Hühnerfleisch geben. **6** Das Mehl mit etwas Wasser anrühren. Den Topfinhalt aufkochen und mit Mehl andicken. Abschmecken. **7** Die Zitrone auspressen. Die Eier trennen und die Eigelbe mit der Hälfte des Zitronensaftes, der Prise Zucker und der Sojasauce verquirlen. **8** Das heiße, aber nicht mehr kochende Hühnerfrikassee mit dem verquirlten Eigelb legieren und abschmecken. **9** Das Hühnerfrikassee in die vorgewärmten Pastetchen füllen, mit den Deckeln belegen und heiß servieren.

Krabbenragout

Zutaten für 4 bis 6 Personen

50 g magerer roher Schinken • 1 kleine Zwiebel • 50 g Butter
1/4 l Wasser • 1/4 l Milch • Salz • Zitronenpfeffer • 1 Prise Zucker
1 TL Krabbensuppenextrakt (oder aus Krabbenschalen und Suppenkraut selbst hergestellte Brühe) • 25 g Mehl • 500 g Krabbenfleisch
3 Scheiben Ananas • 2 EL Parmesankäse
Außerdem: *Pastetchen*

1 Den Schinken würfeln. Die Zwiebel abziehen und klein hacken. Die Butter erhitzen und beide darin dünsten (nicht bräunen). Mit dem Wasser ablöschen. Abtropfen lassen und dabei die Brühe auffangen. 2 Diese Brühe mit Milch, Salz, Zitronenpfeffer, Zucker und Krabbensuppenextrakt aufkochen. 3 Das Mehl in wenig Wasser anrühren und die Brühe damit andicken. Abschmecken. 4 Krabbenfleisch und Ananas zufügen und erhitzen, es darf nicht kochen. 5 Das heiße Krabbenragout in die vorgewärmten Pastetchen füllen, mit Parmesankäse überstreuen, die Deckel aufsetzen und sofort servieren.

Krabben gehören wie Krebse, Hummer und Langusten zu den Schaltieren. Sie werden sowohl in Schale als auch gepult angeboten. Gepulte Krabben sollte man vor der Verarbeitung abspülen, um mögliche Fremdstoffe zu entfernen.

Das Krabbenragout lässt sich leicht und schnell vorbereiten und ist eine Delikatesse, die an das Meer erinnert. Als Beilage eignet sich am besten ein frischer Salat.

Zungenragout

Zungen werden von Rind, Schwein und Kalb verarbeitet. Eine Rinderzunge wiegt etwa 1,5 Kilogramm. Sie besteht fast nur aus Muskelfleisch und ist deshalb auch verhältnismäßig teuer.

Zutaten für 12 bis 15 Portionen

1 Bund Suppengrün • 1/2 TL gekörnte Brühe • 1 gepökelte Rinderzunge
1 altbackenes Brötchen • 1 kleine Zwiebel • 1 Ei • Salz • Pfeffer
500 g Hackfleisch (2/3 Rind, 1/3 Schwein) • 5 EL Öl • 80 g Butter
80 g Mehl • 1 l Zungenbrühe • Zitronenpfeffer • 1/2 TL Zucker
2 EL Sojasauce • 1/8 l Madeira • 1 Tasse Apfelmus
Außerdem: *Fleurons*

1 Das Suppengrün putzen und waschen. 2 In einen entsprechend großen Topf 2 Liter Wasser füllen und mit der Brühe und dem Suppengrün aufkochen. 3 Die Rinderzunge unter fließendem kaltem Wasser waschen, in die kochende Brühe geben und garen. Die Zunge ist gar, wenn die Zungenspitze weich ist. Die Zunge aus der Brühe nehmen. Sofort die Haut abziehen, dabei Knorpelreste am Zungenansatz entfernen. Die Zunge in 5 Millimeter dicke Scheiben schneiden. Die Scheiben mit etwas Brühe übergießen und warm halten. Die restliche Brühe aufbewahren. 4 Das Brötchen in Wasser einweichen. Die Zwiebel abziehen und sehr fein hacken. Das Brötchen ausdrücken und pürieren. Die Brotmasse zusammen mit Ei, Zwiebelstücken, Salz und Pfeffer zum Hackfleisch geben und alles gut mit den Händen durchkneten. 5 Aus der Hackfarce kleine, gleichmäßige Klöße formen. 6 Das Öl in einer Pfanne erhitzen und die Klöße von allen Seiten anbraten. Herausnehmen, abtropfen lassen und nach Bedarf warm halten. 7 Die Butter in einem Topf erhitzen. Das Mehl unter Rühren einrieseln lassen und so lange rühren, bis sich ein Mehlkloß bildet. Mit 1 Liter Zungenbrühe ablöschen. Alles mit Salz, Zitronenpfeffer, Zucker, Sojasauce, Madeira und Apfelmus würzen. 8 Die Zungenscheiben ohne Brühe und die angebratenen Hackklöße in die Sauce geben. Das Ragout erhitzen, es darf aber nicht mehr kochen.

Tipp: Inzwischen die Fleurons im vorgeheizten Backofen erwärmen. Das heiße Ragout mit den warmen Fleurons auf vorgewärmten Tellern anrichten und sofort servieren. Dazu passt ein trockener Weißwein.

Kaninchenragout

Zutaten für 4 bis 6 Personen

Für die Beize : *1 Bund Suppengrün • 1 l Kräuteressig • 1 l Milch • Salz*

Für das Ragout: *1 bratfertiges Kaninchen • 100 g Butter*
50 g Schinkenspeck • 1 große Zwiebel • 100 g Mehl • 1/2 l Beizbrühe
(wird aus der Beize zubereitet) • 2 EL Kapern • 1 EL Sojasauce
1 Prise Zucker • 1 TL gekörnte Brühe • Sahne • Salz • Pfeffer

Außerdem: *Pastetchen*

1 Das Suppengrün putzen und waschen. Das Suppengrün, den Essig, die Milch, 1 Liter Wasser und etwas Salz in einen entsprechend großen Topf geben und zum Kochen bringen. Die Beize abkühlen lassen. 2 Das Kaninchen bei Bedarf unter fließendem kaltem Wasser innen und außen waschen und trockentupfen. In eine Schüssel legen und die Beize darüber gießen. Die Schüssel mit einem Tuch abdecken, an einen kühlen Ort stellen und das Kaninchen darin 48 Stunden marinieren lassen. 3 Das Kaninchen aus der Beize nehmen, abtropfen lassen und das Fleisch von den Knochen lösen. Knorpel und Sehnen abtrennen. Das Kaninchenfleisch in Würfel schneiden. 80 Gramm Butter in einer Pfanne erhitzen und das Kaninchenfleisch darin von allen Seiten anbraten. 4 Den Schinkenspeck würfeln. Die Zwiebel abziehen und fein hacken. Die restliche Butter in einer Pfanne erhitzen und die Schinkenwürfel, die Zwiebelstücke und die Hälfte des Mehls darin unter Rühren goldgelb bräunen. Mit 1/2 Liter Beize ablöschen. Das Ganze durch ein Sieb gießen und die Brühe in einem Gefäß auffangen. Diese Brühe ergibt die in den Rezeptzutaten aufgeführte Beizbrühe. 5 Das Kaninchenfleisch in einen Topf geben, mit der Beizbrühe übergießen, Kapern, Sojasauce, Zucker und die gekörnte Brühe dazugeben und das Fleisch 1/2 Stunde bei mittlerer Hitze garen. 6 Das restliche Mehl mit Sahne anrühren, in das Ragout einrühren und dieses damit andicken. Salzen und pfeffern.

Wildkaninchen kann man durch die kürzeren Hinterläufe vom Hasen unterscheiden. Das helle und zarte Fleisch ähnelt im Geschmack dem Geflügelfleisch und lässt sich auch wie dieses zubereiten.

Tipp: Beliebig viele Pastetchen aufwärmen, mit dem Ragout füllen, mit Deckel belegen und heiß servieren.

Königinpastetchen

500 g schieres Kalbfleisch • 1/2 Bund Suppengrün • 1 EL Butter
2 Pfefferkörner • Salz • 250 g Champignons • 1 kleines Glas Kapern
Sojasauce • 1 EL Mehl • 2 Eigelbe • Saft von 1/2 Zitrone
1 Messerspitze Fleischbrüheextrakt
Außerdem: *Pastetchen*

Die Königinpastete wurde angeblich von Königin Marie, Gattin Ludwigs XV., kreiert. Die Füllung bestand ursprünglich aus gewürfeltem Hühnerfleisch mit feinen Trüffeln. Heute wird zumeist Kalbfleisch verwendet.

1 Das Fleisch etwa 1 Zentimeter groß würfeln. 2 Das Suppengrün nach Bedarf waschen und putzen. 3 Die Butter erhitzen und das Fleisch darin von allen Seiten anbraten. Mit 1/4 Liter Wasser ablöschen. Suppengrün, Pfefferkörner und Salz zufügen und alles bei schwacher Hitze 20 Minuten garen. Suppengrün und Pfefferkörner entfernen. 4 Die Champignons putzen, je nach Größe vierteln und 10 Minuten vor Ende der Garzeit zum Fleisch geben. Die Kapern abtropfen lassen und zufügen. Die körnige Brühe unter das Fleisch rühren und mit Sojasauce würzen. Abschmecken. Das Mehl mit Wasser anrühren und das Frikassee andicken. 5 Die Eigelbe mit Zitronensaft und 2 Esslöffeln Kalbfleischbrühe vermischen. Das Frikassee mit der Eigelbmischung legieren und nicht mehr kochen lassen. 6 In warme Blätterteigpastetchen füllen und sofort servieren.

Die Königinpastetchen sind bestimmt einer Königstafel würdig. Sie sind ohne großen Aufwand vorzubereiten und lassen sich am besten mit Kartoffelpüree genießen.

Vitamingehalt ausgewählter Lebensmittel

Die Angaben beziehen sich jeweils auf 100 Gramm essbaren Anteil

	Retinol in µg	**E** in mg	**B1** in mg	**B2** in mg	**B6** in mg	**B12** in µg	**Folat** in µg	**C** in mg
Schweinefleisch								
Mager	6	0,4	0,80	0,19	0,39	2,0	3	0
Leber	39 100	0,6	0,31	3,17	0,60	39,0	136	23
Rindfleisch								
Mager	20	0,5	0,23	0,26	0,19	5,0	3	0
Leber	15 000	0,7	0,30	2,90	0,70	65,0	592	30
Kalbfleisch								
Mager	Spuren	Spuren	0,14	0,27	0,40	2,0	5	0
Leber	21 900	0,2	0,28	2,60	0,17	60,0	240	35
Lamm/Hammel								
Keule	Spuren	0,4	0,16	0,22	0,29	3,0	3	0
Rehfleisch								
Rücken/Keule	Spuren	0,7	0,22	0,25	0,28	4,5	5	0
Geflügel								
Ente	50	0,5	0,30	0,23	0,33	1,8	8	0
Gans	65	0,8	0,12	0,26	0,58	0,8	4	0
Huhn	39	0,7	0,08	0,16	0,50	0,4	12	2
Pute	10	0,5	0,08	0,14	0,46	1,4	12	0

Vitamingehalt ausgewählter Lebensmittel

Die Angaben beziehen sich jeweils auf 100 Gramm essbaren Anteil

	Retinol in µg	E in mg	B1 in mg	B2 in mg	B6 in mg	B12 in µg	Folat in µg	C in mg
Seefische								
Dorsch	7	0,3	0,06	0,05	0,20	1,2	8	2
Makrele	100	1,3	0,13	0,36	0,63	9,0	1	–
Rotbarsch	14	1,3	0,11	0,08	0,39	3,8	5	1
Seelachs	6	0,2	0,09	0,35	0,20	3,5	3	1
Seezunge	1	0,1	0,06	0,10	0,20	1,0	5	–
Süßwasserfische								
Aal	980	5,6	0,18	0,32	0,28	1,0	13	2
Forelle	32	1,7	0,08	0,08	0,20	4,5	9	1
Karpfen	44	0,5	0,07	0,05	0,15	1,0	4	1
Lachs	41	2,2	0,17	0,17	1,00	2,9	3	1

	Karotin in µg	E in mg	B1 in mg	B2 in mg	B6 in mg	B12 in µg	Folat in µg	C in mg
Gemüse								
Blumenkohl	10	0,1	0,11	0,11	0,20	—	125	73
Brokkoli	846	0,6	0,10	0,18	0,28	—	111	115
Erbsen	424	0,3	0,30	0,16	0,16	—	159	25
Möhren	7790	0,5	0,07	0,05	0,27	—	55	7
Porree	1000	0,5	0,09	0,07	0,25	—	103	26
Tomaten	506	0,8	0,06	0,04	0,10	—	45	25

Mineralstoffgehalt ausgewählter Lebensmittel

Die Angaben beziehen sich jeweils auf 100 Gramm essbaren Anteil

	Natrium in mg	**Kalium** in mg	**Kalzium** in mg	**Magnesium** in mg	**Phosphat** in mg	**Eisen** in mg
Schweinefleisch						
Mager	72	292	9	21	172	1,5
Leber	80	350	10	21	360	15,8
Rindfleisch						
Mager	65	355	5	23	195	2,1
Leber	115	290	7	17	360	7,0
Kalbfleisch						
Mager	94	360	13	16	200	2,1
Leber	90	320	9	20	310	7,9
Lamm/Hammel						
Keule	78	380	10	23	213	2,5
Rehfleisch						
Rücken/Keule	60	310	5	30	220	3,0
Geflügel						
Ente	38	270	14	22	196	2,5
Gans	85	420	12	23	180	1,9
Huhn	66	264	14	35	210	1,1
Pute	66	315	26	28	238	1,5

Mineralstoffgehalt ausgewählter Lebensmittel

Die Angaben beziehen sich jeweils auf 100 Gramm essbaren Anteil

	Natrium in mg	Kalium in mg	Kalzium in mg	Magnesium in mg	Phosphat in mg	Eisen in mg
Seefische						
Dorsch	72	350	24	25	185	0,4
Makrele	95	400	12	30	245	1,0
Rotbarsch	80	310	22	30	200	0,7
Seelachs	80	375	14	50	300	1,0
Seezunge	100	310	30	50	295	0,8
Süßwasserfische						
Aal	65	220	17	20	220	0,6
Forelle	62	413	12	26	245	0,4
Karpfen	30	387	63	50	247	0,7
Lachs	50	370	13	29	265	1,0
Gemüse						
Blumenkohl	16	328	20	17	54	0,6
Brokkoli	19	373	105	24	82	1,3
Erbsen	2	304	24	33	108	1,8
Möhren	60	290	41	18	35	2,1
Porree	5	235	87	18	46	1,0
Tomaten	3	242	8	14	18	0,5

Bioland-Verbände

Bundesgeschäftsstelle
Kaiserstraße 18
55116 Mainz
Tel.: (0 61 31) 23 97 9-0
www.bioland.de
e-mail:
oeffentlichkeitsarbeit@bioland.de

Landesverband Baden-Württemberg
Eugenstraße 21
72622 Nürtingen
Tel.: (0 70 22) 9 32 66 40
Fax: (0 70 22) 9 32 66 50
e-mail: bioland.bw@t-online.de

Landesverband Rheinland-Pfalz/Saarland e.V.
Rüdesheimer Straße 68
55545 Bad Kreuznach
Tel.: (06 71) 4 43 19
Fax: (06 71) 4 57 23

Landesverband Schleswig-Holstein, Hamburg, Mecklenburg-Vorpommern
Kieler Straße 26
24582 Bordesholm
Tel.: (0 43 22) 7 59 40
Fax: (0 43 22) 75 94 44

Regionalbüro Mecklenburg-Vorpommern
Buchholzer Weg 9
18059 Pölchow
Tel.: (03 82 07) 7 19 00
Fax: (03 82 07) 7 19 01

Landesverband Bayern
Auf dem Kreuz 58
86152 Augsburg
Tel.: (08 21) 34 68 00

Landesverband Berlin-Brandenburg
Dorfstraße 15
15910 Pretschen
Tel.: (03 54 76) 31 77
Fax: (03 54 76) 2 10

Hauptgeschäftsstelle Hessen
Londorfer Straße 28
35305 Grünberg
Tel.: (0 64 01) 91 70 0
Fax: (0 64 01) 91 70 20
www.bioland-mitte@t-online.de

Regionalbüro Sachsen-Anhalt
Adam-Kuckhoff-Straße 25a
06108 Halle
Tel./Fax: (03 45) 2 94 07 52

Regionalbüro Thüringen
Carl-Gärtig-Straße 20
99427 Weimar-Schöndorf
Tel.: (0 36 43) 42 51 99

Landesverband Niedersachsen
Riepholm 10
27374 Visselhövede
Tel.: (0 42 62) 23 06
Fax: (0 42 62) 44 85

Landesverband Nordrhein-Westfalen
Im Hagen 5
59069 Hamm-Süddinker
Tel.: (0 23 85) 18 17
Fax: (0 23 85) 51 82

Literaturverzeichnis

Aschauer, August: Das deutsche Wurst- und Fleischerhandwerk. Ernst Reinhardt, 3. Aufl., München 1951.

Feldkamp/Weilandt: Würste, Schinken, Sülzen & Pasteten, W. Ludwig Buchverlag, 2. Aufl., München 1998.

Hermann, Grüner/Metz, Reinhold: Der junge Koch. Pfannenberg, 28. Aufl., Gießen 1999.

Hannemann, Elise: Kochbuch., Brandus'sche Verlagsbuchhandlung, Berlin 1918.

Dr. med. h.c. Heyl, Hedwig: Das ABC der Küche. Carl Habel Verlagsbuchhandlung, Berlin 1926.

Lambert Ortiz, Elisabeth: Gewürze, Kräuter & Essenzen. Christian, München 1993.

Plasschaert, Benito/Elegeer, Jill: Pasteten und Terrinen. Karl Müller, Erlangen.

Prändl/Fischer/Schmidhofer/Sinell: Handbuch der Lebensmitteltechnologie – Fleisch. Eugen Ulmer, Stuttgart 1988.

Rhein, Herbert W./Weilandt, Annegret: Schlemmerküche. W. Ludwig Buchverlag, München 1988.

Ruß, Johanna: Die Holsteinische Küche. Verlag der Dürr'schen Buchhandlung, 24. Aufl., Leipzig ca. 1890.

Teubner, Christian/Wolter Annette: Kalte Köstlichkeiten wie noch nie. Deutscher Bücherbund, Stuttgart, Hamburg, München.

Ludwig, Karl Schweisfurth/Walter Baumgartner: Ökologische Qualität im Fleischerhandwerk. Deutscher Fachverlag, Frankfurt a. M. 1996.

Über die Autoren

Herbert Feldkamp lebt als freier Schriftsteller und Journalist in Norddeutschland. Er befasst sich seit langem mit der Herstellung von Lebensmitteln und hat schon viele Bücher zu diesem Thema geschrieben. Seine Vorliebe gilt der soliden, schnörkellosen ländlichen Küche.

Annegret Weilandt entstammt einem uralten Bauerngeschlecht. Zusammen mit ihrer Familie betreibt sie in den historischen Gebäuden des Gutes Görtz einen Restaurationsbetrieb, in dem hausgemachte Gerichte aus der Gutsküche angeboten werden.

Hinweis

Das vorliegende Buch ist sorgfältig erarbeitet worden. Dennoch erfolgen alle Angaben ohne Gewähr. Weder Autorin noch Verlag können für eventuelle Schäden, die aus den im Buch gemachten Hinweisen resultieren, eine Haftung übernehmen.

Bildnachweis

Alle Bilder stammen von Rolf Seiffe (Hamburg), außer:
Gettyone Stone, München: 6 (Peter Dean), 13 (Christel Rosenfeld), 14 (Matthew Benson), 16 (James Jackson); Südwest Verlag, München: Titel (Karl Newedel)

Impressum

Redaktion:
Dr. Ute Paul-Prößler
Projektleitung:
Berit Hoffmann,
Christine Seidel
Redaktionsleitung:
Dr. Reinhard Pietsch
Bildredaktion:
Ute Schoenenburg
Umschlag:
Till Eiden
DTP/Satz:
Wolfgang Lehner, München
Produktion:
Manfred Metzger (Leitung),
Annette Aatz,
Dr. Erika Weigele-Ismael
Druck:
Weber Offset, München
Bindung:
R. Oldenbourg, München

Gedruckt auf chlor- und säurearmem Papier
Printed in Germany

ISBN 3-7787-3902-6

Sachregister

Rezepteregister